培養 非認知能力 遊戲集

陪**0~5**歲孩子玩出
後天發展的關鍵能力

作者／大豆生田 啓友

大豆生田 千夏

翻譯／陳雯凱

審訂／駱郁芬

非認知能力——
孩子走得更遠更踏實的內在能力

文／駱郁芬（米露谷心理治療所所長）

　　這本書我非常喜歡！

　　收到審稿邀請時，才看到作者序中提到對「孩子主體性」和「玩耍能力」的重視，我就幾乎要點頭答應了，仔細看完全書後，更是十分認同，迫不及待想和大家分享其中的資訊。

　　作為臨床心理師，在關切現在的教育和教養時，我有時還是不免挫折，相較於軟實力，以及能支持孩子在未來走得更遠更踏實的內在能力，許多大人還是十分在乎能被量化的「知識量」，像是字彙量、標準化測驗分數和記憶量等。

　　很多研究已經告訴我們，在未來的世界裡，知識發展和累積的速度早就遠遠超過大腦能夠記憶背誦的速度，比起記得多少，我們更需要解決問題的能力、彈性思考的能力、調節情緒的能力，以及溝通協調的能力等。

　　這些能力，在這本書中被統稱為「非認知能力」。

　　那些能被量化的能力很容易看見「成果」，例如單字有背有分、考試會或不會。但前述「非認知能力」的培養和累積卻不是很容易看到成果，因此若大人本身的信心不

足，常常會懷疑自己做得到底對不對？有沒有用？甚至許多大人即使有心想要為孩子培養這些內在能力，卻因為不得其門而入，只能走回熟悉的路，依賴分數來衡量成效。

本書的前半，告訴我們要有信心，知道自己在做的事情是重要而有意義的——即使看起來沒做什麼。

我們依循直覺回應孩子、和孩子有所連結，我們讓孩子盡情的玩、給他們機會出錯再設法解決，我們和孩子一起看書、一起聊天……這些看似「不積極」的作為，卻都是在培養孩子具備重要的能力。

這些內容，讓我們得以在做家長的角色中安定下來，知道我們也可以從容、可以相信自己和孩子。是不是很像遊樂園在告訴你「快買票進來，不會後悔的！相信你的選擇！」呢？

而本書的後半，更是珍貴的寶藏，提供了相當多的遊戲選擇，讓我們能按圖索驥，在看似瑣碎的日常生活裡找到清晰的路徑，和孩子一起創造美好的日常經驗。

我尤其喜歡書中對遊戲的分類，包含了身體感官的、大自然的、手作的、角色扮演的、繪本的、親子互動的，這背後傳遞了對感官知覺（五感）的在乎、對大自然療癒力量的歡迎、對孩子想像世界的理解，還有對親子之間連結的重視。

這一本既專業又親切，還能安定我們內心的好書，誠摯推薦給大家！

序 言

　　現今是一個對家長而言育兒挑戰性相對較高的時代，之所以這麼說，有三大原因。

　　首先，現代的環境經常有配偶因為工作關係不在身邊的狀況，於是演變成單由一人肩挑育兒工作的「偽單親育兒」現象。

　　第二，這是一個難以預見未來的社會。隨著AI（人工智慧）時代的到來，孩子長大成人之後，許多存在於現今的工作可能會在未來消失殆盡，因此，爸媽對孩子做的事情是否會影響孩子將來的幸福，將無從得知。

　　第三，這是一個訊息爆炸的社會。以網路媒體為例，「腦科學」等詞彙成了熱門關鍵字，像是以早期潛能開發為出發點的「無論是誰都可以成為天才兒童」，或是「只要這樣做，就能達成目標」等口號式的資訊過度氾濫，使得爸媽們無意間焦慮了起來。當育兒沒有想像中順利時，接收過多的資訊只會造成不必要的壓力。

　　這些都是過去的時代所沒有的煩惱。

　　談到育兒的重要時期，當屬嬰幼兒時期。越重視育兒的爸媽，越會積極收集資訊，結果卻讓自己陷入了煩惱，因為他們認為，自己若沒有照顧好嬰幼兒時期的孩子，會深刻影響他們的未來。

　　不少爸媽將孩子送去才藝班，但卻在孩子說「不想繼續學下去」時感到心急；和親友的孩子比較時又會覺得焦慮；看到孩子疲憊的神情時也感到徬徨，不知道什麼方式

才是真的對孩子好。

近來「非認知能力」一詞在媒體成為一大熱門話題。所謂非認知能力，是與心靈、社會性具有關聯的能力，和過去以閱讀、書寫、計算等以數值來量化的學力完全不一樣。許多研究結果已指出非認知能力的重要性，亦發現習得非認知能力的成果，並不會馬上表現出來，而是要歷經時間才會展現，所以被視為「後天發展的關鍵能力」。

在這類研究中備受矚目的是孩子的主體性，以及「玩耍」的能力。透過五感盡情玩耍是非常重要的一件事，在玩耍的過程中，正可培養非認知能力。以前的孩子從早到晚都在戶外玩耍，常常在草地上東奔西跑，即便只是在家附近與相異年齡層的同伴玩，也可以玩得很盡興。

然而，現今孩子不太有這樣的經驗。休閒時，大部分都是和家人去逛商場或遊樂園等，雖然這不算是壞事，但和以前的孩子透過五感直接體驗的玩耍還是有所不同。

很多爸媽會問：「要怎麼讓孩子玩耍呢？」事實上，爸媽只要把孩子下意識的行為延伸出去，或是留意一下在家附近的場所，就會發現很多遊戲的題材。本書就是介紹在日常生活中可進行的「遊戲集」。

第1章是闡述理論，主要說明從遊戲中培養非認知能力的重要性；第2章介紹在日常生活中可執行的遊戲，這些遊戲不僅能發展非認知能力，也是能為親子帶來幸福感的遊戲，推薦閱讀本書的你，多多陪伴孩子實地嘗試。

目次

推薦序 —— 2

序言 —— 4

本書使用方式 —— 10

第 1 章　如何培養
非認知能力？

什麼是「非認知能力」 —— 11

培養「後天發展的關鍵能力」 —— 13

依附關係是基礎 —— 與大人回應的關聯性 —— 15

玩耍即學習 —— 兩歲兒童的戲水 —— 16

「沉浸於遊戲之中」對非認知能力的影響 —— 18

「調皮搗蛋」也是一種探索活動 —— 20

「管教」不重要嗎？ —— 22

讀繪本給孩子聽的重要性 —— 25

想變得「幸福」 —— 就是當下擁有幸福 —— 27

「培養非認知能力」是育兒過程中重要的事 —— 29

第 **2** 章 ‖ 培養非認知能力
遊戲集

遊戲集① 活動身體玩遊戲

遊戲 1 把東西「取出來，放回去」遊戲 —— 32

遊戲 2 「搬運」遊戲 —— 38

遊戲 3 「爬上爬下」遊戲 —— 42

遊戲 4 在戶外活動身體的遊戲 —— 46

豐富遊戲的配角❶「紙箱」—— 36

豐富遊戲的配角❷「水桶」—— 40

為什麼戶外活動很重要？ —— 48

遊戲集② 在大自然玩耍

遊戲 1 讓散步更有樂趣的方法 —— 50

遊戲 2 與植物玩耍 —— 53

遊戲 3 接觸生物 —— 58

遊戲 4 玩水 —— 62

遊戲 5 眺望天空 —— 66

豐富遊戲的配角❸「塑膠袋」—— 56

在大自然玩耍，成為擁有科學家特質的人！ —— 68

遊戲集③ 「動手做」遊戲

遊戲1 每一樣東西都是「我的作品」！—— 70

遊戲2 來畫圖吧！—— 72

遊戲3 隨手製作有趣的玩具① 運用廢棄物品 —— 76

隨手製作有趣的玩具② 運用日常用品 —— 82

隨手製作有趣的玩具③ 運用自然產物 —— 84

豐富遊戲的配角❹「繩子‧毛線」—— 88

從無到有的創造力 —— 90

遊戲集④ 「角色扮演」遊戲

遊戲1 假裝外出的角色扮演遊戲 —— 92

遊戲2 家庭生活的角色扮演遊戲 —— 94

遊戲3 扮家家酒 —— 96

豐富遊戲的配角❺「布」—— 98

能擁有一個充滿想像的世界，真的很棒！—— 100

遊戲集⑤ 享受繪本的世界

遊戲1 用繪本打造親子時間 —— 102

遊戲2 從繪本拓展世界 —— 104

接觸繪本的樂趣 —— 106

遊戲集⑥ 和大人一起玩

遊戲1 大人和孩子一起玩 —— 108

遊戲2 與孩子肌膚接觸 —— 110

遊戲3 模仿遊戲 —— 114

遊戲4 把做家事當成遊戲 —— 116

遊戲5 和爺爺、奶奶玩 —— 118

遊戲6 逛逛街吧！—— 120

遊戲7 享受季節性活動 —— 122

溝通的重要性 —— 124

結語 —— 125

本　書　使　用　方　式

● 本書是由從事青少年、嬰幼兒教育、托兒與育兒支援現場的兩位作者執筆，為培養兒童「非認知能力」的育兒書籍。

● 本書是為了所有為育兒盡心盡力的人士而寫。無論是育兒中或即將成為爸爸、媽媽、爺爺、奶奶，以及保母、幼兒園老師等，皆可使用本書。

● 內容分為「第 1 章」和「第 2 章」兩個部分。「第 1 章」是由站在嬰幼兒教育學最前線的作者大豆生田啓友，清楚說明本書核心之「非認知能力」，亦即「後天發展的關鍵能力」是什麼樣的能力。「第 2 章」則由在育兒支援現場面對親子的作者大豆生田千夏，以豐富經驗，透過「遊戲集」具體介紹在培養孩子「非認知能力」時的選擇與運用方式。

● 你可以從任一章節開始閱讀。建議正在育兒的人先從第 2 章的「遊戲集」中，找出符合孩子年齡的部分開始閱讀；接著在孩子入睡後的夜裡，再慢慢品味第 1 章即可，相信一定可以為你帶來勇氣。

如何培養非認知能力？

什麼是「非認知能力」？

聽到「非認知能力」一詞時，相信許多人會想「這到底是什麼？」這個名詞之所以會如此廣為人知，都要歸功於諾貝爾經濟學獎得主詹姆士‧赫克曼（James J. Heckman）教授群的研究[1]。這項在美國進行的研究是從五十年前開始，追蹤了後續四十年的狀況。此追蹤調查研究發現，接受高品質幼兒教育與未接受高品質幼兒教育的孩子，其學歷與收入等方向產生相當大的差異。

「裴利學前研究計畫」以美國密西根州低收入階層的五十八戶幼兒為對象施行調查，發現只要孩子幼年時有接受到大人好好回應的經驗，並激發出進取及感謝之心，進而養成「非認知能力」的話，之後無論是在十四歲時通過基礎學力測驗率與高中

---

*1 詹姆士‧赫克曼著，古草秀子譯（2015），《幼兒教育的經濟學》（暫譯），東洋經濟新報社。

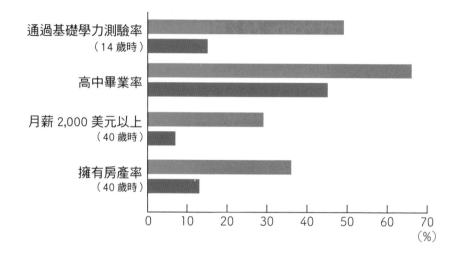

圖 1　**裴利學前研究計畫的成果**

■ 接受學前教育
■ 未接受學前教育

通過基礎學力測驗率
（14 歲時）

高中畢業率

月薪 2,000 美元以上
（40 歲時）

擁有房產率
（40 歲時）

0　10　20　30　40　50　60　70
（%）

畢業率，或是四十歲時的收入、擁有房產率，都會
取得相當不錯的成果（圖 1）。

此外，孩子就算透過先修課程而獲得了高智商，
但也只是短期間的成效，許多例子都顯示這類能力
會在未來幾年被未受過早期教育的孩子追上；也就
是說，**接受學前教育的孩子所獲得的能力當中，能
長期且持續的是「非認知能力」，這也是影響未來
成功的重要能力。**

培養「後天發展的關鍵能力」

　　所謂非認知能力，簡單來說，就是除了閱讀、書寫、計算以外的能力，更明確的說，就是難以數值化的能力，亦稱為「社會情緒技能」（social and emotional skills）。根據經濟合作暨發展組織（OECD）的定義，指的是「目標達成」（忍耐力、自我約束、對目標的熱情）、「與他人合作」（社交性、尊重、體貼），以及「情緒控制」（自尊心、樂觀、自信）（圖2）。

圖2　認知技能、社會情緒技能之架構

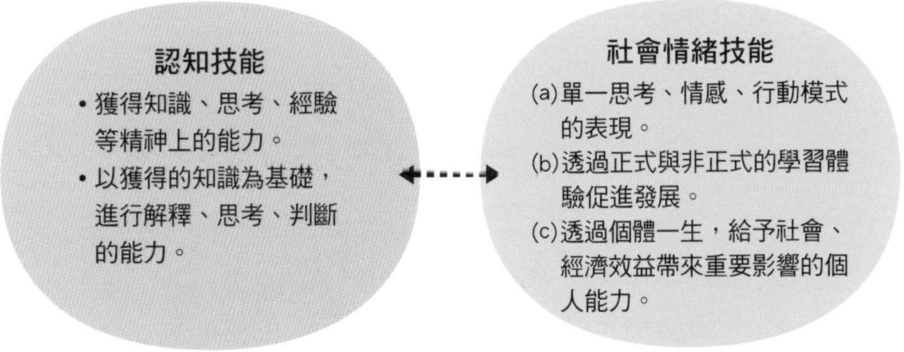

認知技能
- 獲得知識、思考、經驗等精神上的能力。
- 以獲得的知識為基礎，進行解釋、思考、判斷的能力。

社會情緒技能
(a)單一思考、情感、行動模式的表現。
(b)透過正式與非正式的學習體驗促進發展。
(c)透過個體一生，給予社會、經濟效益帶來重要影響的個人能力。

基礎認知能力	獲得知識	歸納知識		目標達成	與他人合作	情緒控制
●圖形辨識	●輸出	●思考		●忍耐力	●社交性	●自尊心
●處理速度	●提取	●推論		●自我約束	●尊重	●樂觀
●記憶	●理解	●概念化		●對目標的熱情	●體貼	●自信

資料來源：池迫浩子、宮本晃司著，Benesse教育綜合研究所譯（2015），《通過家庭、學校和社區培養社交和情感技能》（暫譯）。

更具體來說，「非認知能力」就是**熱衷、專注投入某件事情的態度、能控制自己的情緒、與他人良好溝通及重視自己等能力。**

可想而知，在嬰幼兒時期培養非認知能力，對於長大成人後的身心健全、幸福感、社經地位都具有正面的效益，但是這樣的成果卻不是在幼年當下立即可見，因此可說是「後天發展的關鍵能力」。

現今，「非認知能力」（社會情緒技能）在世界上受到矚目，OECD 亦著手進行研究調查其重要性。在日本，從幼兒園教育觀點、托兒所保育方針、幼托整合立案幼兒園教育、保育要領的修訂及改革下，各種類型的幼兒園都很重視培養非認知能力。所謂非認知能力，也包含主體性、對話式學習（主動學習），以及恆毅力，不只是在小學以後的學習場所上，更是未來處世的重要能力。

二十一世紀後進入 AI（人工智慧）時代，為社會帶來了劇變，工作性質也將有巨大的改變，**以往強記知識的學習方式不再管用。在這樣的情況下，非認知能力理所當然的越來越受到矚目。**

依附關係是基礎
—— 與大人回應的關聯性

　　那麼，要如何培養「非認知能力」呢？第一件重要的事，是讓孩子從嬰幼兒時期開始，就擁有大人的關愛與被無條件接納的經驗，在精神醫學及心理學的領域，這種經驗被稱為「依附」。所謂依附，指的是「在不安的時候，透過與特定大人親密互動，獲得踏實的安心感，進而從中建立情感上的羈絆」；也就是說，與親密的大人**抱持著基本的信賴關係，比什麼都重要**[*2]。

　　具體來說，當我們面對一個哭泣的孩子時，只要抱抱他、對他說「你很難過吧！」等有共鳴的話語、逗他開心，就是能夠讓親子之間形成依附關係的行為。當身旁有大人能接納自己的不安情緒，孩子便能自然而然修復自己的心情。這些行為本來就是大多數爸媽在做的事，事實上，育兒中重要的事情，就是這麼簡單。

　　某育兒節目中曾經出現過這樣的場景。在托兒所裡，有一名一歲的男孩因穿不上褲子而大聲哭鬧，因為男孩哭鬧不停，保母決定先看看狀況。此時，男孩

---

*2 遠藤利彥著（2017），《嬰兒發展與依附——嬰幼兒保育中重要的事》（暫譯），Hitonaru書房。

走到看得見隔壁零歲嬰兒房間的露臺上，保母順勢對他說：「寶寶在哭吔！你要不要去安撫他一下？」男孩回答：「嗯！」然後做出拍撫嬰兒的動作，並對他說：「乖乖、乖乖……」保母說：「寶寶很開心哦！」男孩笑著回答：「嗯！」保母接著問道：「那我們回房間把褲子穿上吧？」男孩笑著點點頭，轉身跑去把褲子穿起來了。

這個男孩因為身旁有位大人溫暖的包容了他，於是他能夠控制自己的情緒，進而處理好身邊的事情，達到自我控制。身旁有一位能回應自己情緒的大人是非常重要的。當然，大人不能總是處於接受的狀態，必須同理孩子的心情，才能進一步發展孩子的非認知能力。

玩耍即學習 —— 兩歲兒童的戲水

想要培養非認知能力，另一件重要的事就是「玩耍」。「玩耍」不單只是「玩耍」，「玩耍」也不同於「讀書」或「學才藝」，或許有人認為玩耍與提升孩子能力根本不相干，但事實並非如此。當孩子專注

於某件事時，「玩耍」便是豐富的「學習」。

　　某托兒所有一名兩歲的孩子在戲水。這個男孩在玩「把水裝入寶特瓶內，再把水灑出來」的遊戲，但他突然靈光一閃，在寶特瓶裡面裝了水後，接著塞了很多葉子進去，再把寶特瓶倒過來放置——現在變成「把葉子塞進寶特瓶後，再設法把水倒出來」的實驗，然而，葉子卡住，水出不來。於是男孩開始想辦法，他把寶特瓶搖一搖、轉一轉……最後，他撿起了一根小樹枝，快速的往寶特瓶內戳，葉子被往內擠壓後，水流出來了，男孩也笑了。

　　這正是小學教育所重視的「解決問題學習」。**專注於玩耍的孩子，其實會在玩耍過程中「發現問題」並「探究真相」，進而從中「學習」，這便是所謂的「主動學習」。**重視孩子的興趣、關心、意願的遊戲，不僅能培養非認知能力，還能培養求知的好奇心，如此也與認知能力有所連結。所以，**培養非認知能力，也能提升「吸收知識」的認知能力。**

「沉浸於遊戲之中」
對非認知能力的影響

　　嬰幼兒時期遊戲的重要性，在許多研究中獲得證實，其中一項研究針對兒童的讀寫能力及語彙能力進行了比較，對象分別是採取先修教育的傳統教育型幼兒園，以及重視孩子自主、給予較多自由玩耍空間的幼兒園。研究結果發現，經常自由玩耍的孩子，語彙能力得分比較高（圖3）。由此可知，尊重孩子的主體性、多樣化的體驗和興趣可以提升語彙能力。順帶一提，語彙能力也是未來學力的重要基礎。

圖3　不同教保型態之語彙能力差異

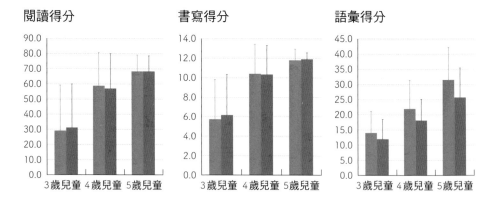

資料來源：內田伸子、浜野隆著（2012），《御茶水女子大學Global COE Program「Science of human development for restructuring the "gap widening society" 共2卷」世界育兒差距——貧困兒童是否能一躍而起？》（暫譯），金子書房。

根據 Benesse 教育綜合研究所對家長的調查[*3]也明確指出，沉浸於遊戲與否，會對日後的「向學能力」造成影響。孩子在托兒所及幼兒園中「沉浸於遊戲中的經驗」，可激發其好奇心和努力，其結果顯示孩子的非認知能力亦相對提高。

遊戲也是運動能力發展的重要因素[*4]。和孩子上一般體育課的幼兒園比起來，能充分自由在戶外玩耍的幼兒園，孩子的運動表現也比較好（圖 4）。有些爸媽可能覺得送孩子去體操教室較能鍛鍊孩子的運動能力，但其實不然，孩子能盡興、**充分「在外玩耍」的經驗，對於提升運動能力更有幫助。**

圖 4　不同教保型態幼兒園之運動能力的比較

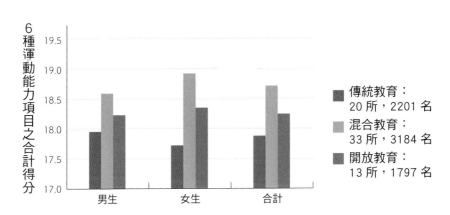

*3 Benesse教育綜合研究所（2016），《校園經驗與兒童成長相關調查》（暫譯）。
*4 杉原隆等人著（2010），〈幼兒運動能力與運動指導及性格的關係〉（暫譯），《體育的科學》，第60卷5月號，杏林書院。

重視遊戲的幼兒園讓孩子自由自在的從事各種遊戲，相信孩子自會從過程中設想所引發的結果。這一類學校尊重孩子「想要去做」的心情，願意花時間，讓孩子充分進行各式各樣的活動，例如：往上爬、往下爬、匍匐前進、過山洞、懸吊等。

綜合上述觀點我們可以知道，遊戲即是一項重要的「學習」。比起硬性強制孩子去從事活動，我們可以說，**讓孩子以自己為主體、自己在實作中得到的成就感（成功體驗），才是更好的學習。**

「調皮搗蛋」也是一種探索活動

孩子往往在玩耍過程中，看似「調皮搗蛋」的事件層出不窮，這一點總讓爸媽煩惱萬分。當孩子把大量衛生紙從盒子裡抽出來，或是把每一樣東西都拿起來到處亂丟，這時雖然爸媽內心想避免過度管教，但總是一不小心就罵出聲；有些爸媽則是煩惱著「明明孩子已經三歲了，卻時常在家中剪剪貼貼、玩英雄遊戲，這樣真的好嗎？」

孩子在「自由自在的玩耍」時，偶爾會讓爸媽困

擾和煩惱，但這些活動是具有意義的經驗，所以，**很多遊戲對孩子來說，都是重要的「探索活動」**。「這是怎麼回事呢？」、「這麼做會變成什麼呢？」孩子會用自己的方式去嘗試、去動腦筋。

　　然而，把衛生紙抽出來、把光碟片散落一地，確實是令人頭疼的行為。這時候，可以把不想讓孩子拿到的東西放在他們拿不到的地方，或者準備一些不會造成爸媽困擾的代替品，供孩子自由使用。

　　埋首於空箱子的勞作也是非常棒的事，可以把廢棄物創造成有新意的物品，正是培養孩子的創造力。

　　熱衷於英雄與公主的角色扮演遊戲也是一件好事，進入幻想中的世界，既可以提升想像力，還可以從扮演遊戲發想、製作遊戲中會使用到的物品，或是畫圖、說故事，甚至與朋友互動等，這些都是可以培養非認知能力的重要經驗。

　　從爸媽的角度來看，或許會有點在意遊戲是否過於偏頗，但**小時候熱衷於某事的經驗，到了另一階段，就會轉化為對其他事物產生興趣的原動力了**。因此，希望爸媽尊重孩子每個時期非常喜歡且熱衷的遊戲。

「管教」不重要嗎？

雖說如此，可能有人會質疑，難道「管教」不重要嗎？經常有家長詢問：「如果在孩子叛逆期的時候不好好管教，他會不會變得任性？」

「棉花糖實驗」的測試結果越來越受到矚目，因此也有人找我諮詢：「是否該及早教育孩子學會忍耐呢？」

所謂棉花糖實驗，是史丹佛大學對四歲孩子進行的實驗，以「在一定時間內忍耐不吃棉花糖，就能多得到一個棉花糖」為條件，測試孩子在此實驗下會如何抉擇。

從此項實驗後的追蹤調查可以發現，堅持先不吃而獲得兩個棉花糖的孩子，在長大之後也會持續保持忍耐力，並在學術性向測驗中獲得高分。

忍耐力如何養成呢？嚴厲的管教並不會有效果。嚴厲的責罵孩子，孩子只會因為被罵而感到害怕，甚至停止去做想做的事情，並沒有從本質上激發自我約束的心情。這裡所說的忍耐力，換言之就是自我控制的能力，所以最重要的是培育孩子的自制力。

當孩子在超市中哭喊著「買給我」時，如果家長

對孩子說：「我要把你丟在這裡了哦！」即便孩子當下基於害怕被拋棄的恐懼，因而打消購買欲望，但這並非發自內心自我控制的情緒。

我們不如說：「今天你走了好多路，好棒！我們回家後，一起把冰淇淋拿出來吃吧！」像這樣丟出另一個轉換氣氛的選項，能夠給予孩子主動學習轉移情緒的契機。

對於堅持要玩到心滿意足的孩子，試著幫助他轉換心情，暗示他可以做其他事情，例如，面對嘟嚷著「我還想玩」的孩子，可以跟他說：「我們再玩一會兒，等一下還要去買東西喲！如果你覺得玩夠了，再告訴我吧！」提供孩子自己做決定的機會，有時會意外獲得「好啊！」的回應，更能成功讓孩子自行轉換心情。

也就是說，最重要且有效的「管教」，並非嚴厲責罵，而是在日常生活中，幫助孩子靠自己的力量克制情緒。

最近許多研究顯示，非認知能力的自我控制是非常重要的。不過，正處於反抗期或是嬰幼兒時期的孩子，可能無法妥善控制自己的情緒，這時只能等待暴風雨過去了。**對這個時期的孩子來說，最要緊的是能**

溫暖包容他的煩躁心情，即使孩子還無法好好的控制自己的情緒也沒關係。以長遠的角度來看，身旁陪伴的大人能理解孩子當下的心情才是最重要的。

　　因此請不要焦急，放鬆的用「不要想太多，就先這樣」的心情，好好守護孩子吧！

讀繪本給孩子聽的重要性

話題進行到這裡，可能有人會問：「那麼，幼兒期只要讓孩子自由自在的玩耍就好了嗎？」沒錯，就是這樣。請一定要充分的讓孩子自由自在的玩耍。不過，不是只要讓孩子玩就好，讓他接觸豐富的文化也很重要。在遊戲中，讓孩子接觸大量文化，可以讓遊戲變得更豐富，還會為非認知能力帶來正面的影響，例如：讀繪本給孩子聽。

「Bookstart 閱讀起步走」運動起源於英國，並於世界各地推廣，日本是由地方政府提供幾本優質繪本給有新生兒的家庭 [5]。這個在背後支持爸媽的運動，讓爸媽可以藉由認識繪本中的豐富文化，從孩子的嬰兒時期開始，搭建親子之間的溝通橋梁。不過，這個運動經常被人誤解，讓人以為要從小就給孩子讀很多繪本，或是要讓孩子能早日自行閱讀繪本，其實此活動的初衷並不是這樣。

閱讀繪本主要是讓孩子享受與爸媽一起閱讀。透過親子間的互動，讓孩子感受到自己是被愛的，進而築起親子間的信賴關係，建立自尊心。因為最喜歡的爸媽讀繪本給自己聽，孩子也會變得非常喜歡故

---

*5 編注：在臺灣，「閱讀起步走」起始於2003年。由臺中縣政府開始試辦，後來擴大到各縣市，至2009年，教育部推動至國民小學，成為全國推廣活動。

事中所營造的世界，於是更加期待爸媽反覆讀給自己聽。這樣做讓孩子在不知不覺間接觸大量詞語，提升想像力與語彙能力。**等到孩子進入學齡期，也會喜歡書本，並紮根學習能力的基礎。在此特別提醒，共讀的過程中，親子一起享受閱讀的樂趣才是最可貴的事，請不要拿繪本做為「學習」的用途。**

本書介紹了很多「遊戲」，例如：活動身體的遊戲、溝通的遊戲、接觸大自然的遊戲、借助語言的遊戲、動手創造的遊戲等，讓孩子透過多樣的遊戲，體驗豐富的文化。事實上，在孩子熱衷的遊戲之中，原本就存在著多元文化，從現在開始，與孩子一起想一想，如何打造「自家文化」的遊戲風格吧！

想變得「幸福」
── 就是當下擁有幸福

　　有些人可能以為，「只要透過培養非認知能力，就可以讓孩子將來讀有名的大學，有個好工作，過著幸福人生。」事實上，雖然有許多研究報告顯示，非認知能力會影響後天的成長與成就，但不是每個孩子都會得到相同結果，人的發展與幸福並非如此單純。

　　研究「幸福學」的日本第一人前野隆司，依據其研究成果提出了「幸福四因子」*6 的觀念。

① 「試著做做看」因子：自我實現、自己對社會有幫助的感覺。
② 「謝謝」因子：被愛的感覺、對人的感謝、想親近人的心情。
③ 「船到橋頭自然直」因子：樂觀、可以轉換心情。
④ 「做自己」因子：不與他人比較、了解自己、有主見。

　　這與前面所談到的「非認知能力的重要性」概念一致。想要挑戰的欲望、培養信賴關係，以及建立自

---

*6 前野隆司著（2013），《幸福的架構：實踐·幸福學入門》（暫譯），講談社。

尊心，都與幸福息息相關。

在討論幸福的話題時，與其思考「現在怎樣做，未來才會得到幸福」，不如更積極思考現在的自己是否隨心所欲的過日子、是否與他人進行著豐富的互動。這不僅在兒童時期很重要，對成年人來說也同樣重要。**人的成長，絕不是由嬰幼兒時期決定一切，生涯與發展也扮演了舉足輕重的角色。非認知能力在人生中的每一個時期都不容忽視，因此不要以為「我的孩子已經小學了，所以為時已晚」，無論任何時期，非認知能力都是可以培養，也能好好發揮的。**

也就是說，我們不應只為了提高孩子未來的成就而培養非認知能力，陪伴孩子、豐富孩子的每一天，才是我們最該做的事，因為唯有兒童時期當下擁有幸福，才能引領日後的幸福。

「培養非認知能力」
是育兒過程中重要的事

非認知能力的養成六大要點：

❶ 透過親子之間的肌膚接觸與親密對話，打造內心安定的基礎。

❷ 尊重孩子的個性（個人氣質）和主體性（自己決定）。

❸ 讚美孩子的努力、重視孩子的每一個小成果，培育孩子的自我調整能力。

❹ 透過多樣的遊戲體驗，讓孩子抱持著好奇心和專注力。

❺ 透過戶外玩耍，讓孩子全方位活動身體，親近大自然。

❻ 透過讀繪本給孩子聽，守護孩子對溝通與語言的興趣。

具體來說應該怎麼做呢？在本書第 2 章中將介紹「遊戲的操作」。你將會發現，本書介紹了許多親子日常進行的遊戲，事實上，孩子們常玩的遊戲，就是孩子需要且重要的。

希望你不要誤以為「只要玩遊戲，就能培養非認

知能力」，或以為「培養非認知能力就像是製作圖表般輕易」。人的成長並非如此單純，必須透過多樣化的遊戲，在上述的六大要點中不斷的累積經驗，才能逐漸打造「非認知能力」的基礎。

　　每個孩子的個性與愛好都不同，成長歷程也不盡相同，本書介紹的部分遊戲，孩子可能並不感興趣，這時請放輕鬆，千萬不要認為「他非得玩這個遊戲不可」，不要勉強孩子玩特定的遊戲，只要陪伴孩子並慢慢觀察，一定會找到適合孩子的遊戲與交流方式。

　　發揮耐心與孩子一起尋找，是極為重要的事。希望你能掌握本書所分享的「育兒遊戲提案」，並確實應用，與孩子度過幸福時光。

第 2 章

培養非認知能力遊戲集

遊戲集

活動身體
玩遊戲

把東西「取出來，放回去」遊戲

別說孩子在搗蛋！
這是探索心靈及腦部發展的歷程

孩子最喜歡把東西「取出來，放回去」了。像是將衛生紙從盒子裡抽出來或把包包、錢包等容器打開，當「把東西取出來」的時期過了之後，便進入「把東西放進去」的時期。「放進去」比「取出來」難，因為要孩子操作「放開」比「抓住」難，孩子剛開始會緊抓著東西不放，逐漸發展成可以把東西放到想放的位置上。只要經常使用手，就能促進運動能力和腦部發展。

這麼做有什麼意義嗎？

把東西「取出來，放回去」遊戲，不僅能促進運動能力和腦部發展，還能誘發孩子求知的好奇心。孩子正憑藉著自己的力量去影響周遭的事物，感受世界上還有很多有趣的事情。對於孩子伸出探索的小手，請盡可能尊重他的心情感受。

居然全部都抽出來……

有經驗的爸媽怎麼做？

• 把衛生紙收集起來，放入塑膠袋中使用。
• 把衛生紙放在孩子看不到的地方。
• 因為怕浪費，就把衛生紙一張一張鋪平摺好以供再次使用。
• 把一些舊布放入衛生紙盒裡，孩子會玩得很開心哦！

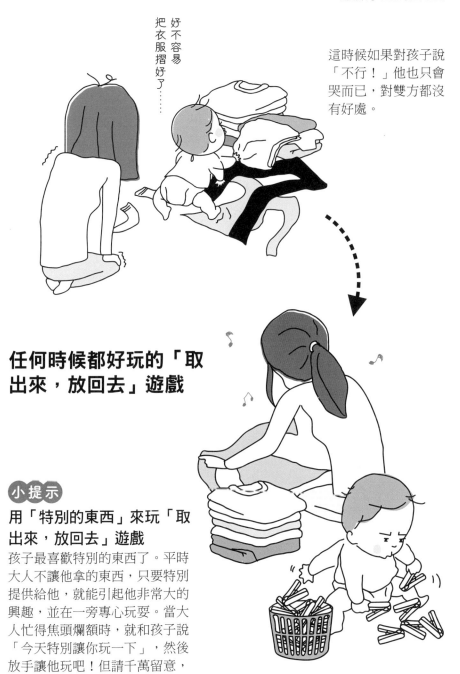

好不容易把衣服摺好了……

這時候如果對孩子說「不行！」他也只會哭而已，對雙方都沒有好處。

任何時候都好玩的「取出來，放回去」遊戲

小提示

用「特別的東西」來玩「取出來，放回去」遊戲

孩子最喜歡特別的東西了。平時大人不讓他拿的東西，只要特別提供給他，就能引起他非常大的興趣，並在一旁專心玩耍。當大人忙得焦頭爛額時，就和孩子說「今天特別讓你玩一下」，然後放手讓他玩吧！但請千萬留意，不要讓孩子誤食了。

小提示

孩子的專屬背包

當孩子的小手開始伸向大人的包包時，試著為他準備一個專屬背包。可以在這個專屬背包裡放入孩子喜歡的物品，外出的時候讓他自己背。

孩子總是在大人不注意時，對不該碰的物品出手，因此要記得把危險物品放在孩子拿不到的地方。

小提示

好用的「孩子專用錢包」

通常孩子都很喜歡錢包。爸媽可以裁剪一些紙當作紙鈔，連同不要的點數卡等，放入沒在使用的舊錢包裡，這樣就完成一個「孩子專用錢包」啦！

孩子愛怎麼玩鈔票、卡片，都不用擔心！

小提示

洗澡時讓孩子盡情倒水

許多孩子喜歡把寶特瓶內的液體倒出來，一不小心就會將客廳弄得溼答答，但這在洗澡時玩就沒問題了。平日可收集大大小小的空瓶罐，讓孩子在洗澡時興奮的玩水吧！

動手製作把東西「放進去，拿出來」的玩具吧！

雖然市面上販賣很多種可投入物品的玩具，但現有的材料也可以簡單製作，再和孩子一起用貼紙裝飾會很有趣哦！

投吸管遊戲

把吸管剪成一段一段後，丟入寶特瓶的遊戲，雖然是很單純的遊戲，但孩子非常喜歡。選用色彩繽紛的吸管，一邊說出吸管的顏色，一邊把吸管投入。

材料

・吸管
・寶特瓶

＊請留意避免孩子吞食。

投入小東西的遊戲

用膠帶把兩個寶特瓶的瓶蓋黏在一起。在箱子或塑膠製收納箱的蓋子上，挖一個和寶特瓶蓋差不多大小的洞口，就可以玩投入瓶蓋的遊戲了。兩個黏在一起的寶特瓶蓋，也是扮家家酒的好道具。

材料

・寶特瓶蓋
・有蓋子的容器

豐富遊戲的配角 ❶

「紙箱」

把東西拿出來，再放進去；
從箱子裡鑽出來，再鑽進去

孩子很喜歡鑽進箱子、籃子、衣服收納箱等各種大型容器。紙箱就是一個優質的遊戲素材，它可以有多種變化，不玩時也可直接回收丟棄。在回收丟棄前，請務必讓孩子玩。先看看孩子想要怎麼玩，然後評估紙箱的大小，幫他把紙箱做個變化，不用做得非常細緻。

紙箱可以變成孩子喜愛的「娃娃的家」。

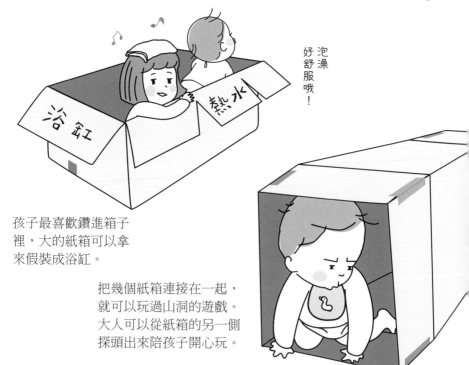

泡澡好舒服哦！

孩子最喜歡鑽進箱子裡，大的紙箱可以拿來假裝成浴缸。

把幾個紙箱連接在一起，就可以玩過山洞的遊戲。大人可以從紙箱的另一側探頭出來陪孩子開心玩。

把東西全部放進箱子裡，拉著走來走去。

小提示

裝上把手

在紙箱裝上把手，遊戲的樂趣就更多，搬運和移動也更方便。

和孩子一起動手，打造一個「屬於自己的箱子」！

一般的紙箱很快就會被玩壞或塌陷，建議幫孩子做一個堅固的箱子，讓他能隨心所欲的進進出出。首先準備孩子能進得去的紙箱，並在內側貼上瓦楞紙，增加厚度。接著在整個紙箱上貼兩層報紙，最後貼上和紙補強。等待數日至紙箱完全乾燥，可再貼上喜歡的布料裝飾就完成了！

材料

- 紙箱、瓦楞紙
- 報紙
- 和紙（或日式拉門紙）
- 日式拉門用漿糊
- 黏著劑
- 布

37

遊戲2 「搬運」遊戲

「我要自己搬！」
孩子與世界接軌的「搬運」行為

不是把收拾好的東西拚命的搬到另一個位置上，就是在外出的背包裡放了一堆爸媽覺得沒有必要的東西，面對一整天都很忙碌的孩子，相信很多人的家裡常呈現難以維持整潔的狀況吧！像這樣的「搬運」行為，有時也會運用到一些搬運「道具」，和人類透過使用道具而進化的道理一樣，孩子從兩隻手只能各拿著一樣東西開始，逐漸進化到懂得使用工具一次搬運很多東西。對孩子來說，能一次搬很多東西是很開心的事情。

這麼做有什麼意義嗎？

開始玩「搬運」遊戲，代表運送時是有目的性和有目標對象的。例如，大人扮演開心的收件者，孩子扮演運送物品的外送員等。藉由搬運的動作，孩子的世界開始與周遭有了連結，漸漸產生更多元的探索。

有經驗的爸媽怎麼做？

• 買東西的時候，讓孩子帶著自己專用的背包。
• 可以讓孩子把三輪車當作貨車，推薦購買附籃子的車款。
• 去公園一定要帶水桶。
• 除了易碎品以外，其他東西都可以試著讓孩子拿。

盡量請孩子幫你拿東西

來，給你！

就算只是個小東西，只要拜託孩子「幫我拿過來」，他就會很樂意的幫你拿來。

小提示

別忘了對幫你拿東西的孩子說聲「謝謝」

請孩子幫你拿報紙、晒衣服……顧及孩子「想幫忙」的心情，就多讓孩子幫忙吧！雖然後續的整理很傷神，但也代表著你面對的是一個充滿活力的孩子。

我可以帶小熊一起去嗎？

也許從大人的角度來看，有些東西根本不需要帶，但讓孩子自己準備出門的物品，他會覺得很有趣。只要尊重孩子的心情，孩子會更樂於出門。

「水桶」

就算很重也沒關係，讓孩子感受自己搬運的快樂！

水桶是孩子的專屬配備之一，可以用來裝水、堆沙、放橡果、放石頭、放花、放小魚蝦，也可以搬運各種物品。水桶對於喜歡「把東西拿出來，放進去」遊戲，以及「搬運」遊戲的孩子來說更是必需品。只要有水桶，孩子就能專心玩耍，若水桶符合孩子方便使用的大小，那就更好了。

嘿喲！

嘿喲！

就算心裡想著「會不會很重？要不要幫你拿？」也要讓孩子先試看看，孩子其實都是大力士呢！

我要吃3個！

你要吃幾個？

用來搬水的水桶，也可以帶到沙坑上扮家家酒，是萬用的工具！

小橡果說：「我想回家啦！」

對因跌倒而哭泣的孩子說：「要不要帶小橡果回家？」並把裝橡果的水桶交給孩子。

真的嗎？那我帶它們回家！

於是孩子停止哭泣，邁開步伐回家。這種事情常常發生吧！

如果有各種大小的水桶，遊戲的類型就能更多元

即便只有一個水桶，孩子也能玩得非常開心。但如果有兩個以上不同大小的水桶，遊戲的種類就會更多元。然而也不用為了讓孩子玩而特別購買水桶，將家裡打掃用的水桶，或者把放味噌、優格的容器洗一洗，裝上把手，就能代替水桶。

「爬上爬下」遊戲

「我會爬上去了!」和「我會爬下來了!」
反覆練習可訓練運動能力與平衡感

孩子將手伸向至今無法取得的物品、站在從未爬上去過的地方……孩子越來越活潑好動,爸媽提心吊膽的頻率也隨之提高。除了一開始就要把危險的區域分隔開來,還要隨時隨地觀察孩子,例如:他在往下爬時有沒有踏到地板?有沒有力氣維持身體的姿勢?日常生活中屬於謹慎派,還是活潑好動派?請抱持著協助者的心態,靜靜在一旁守護孩子,並盡量讓他自己去嘗試。在反覆練習中,孩子也會越來越熟悉如何取得平衡,以及如何往下爬。如果總是禁止孩子,他就無法好好練習了。

這麼做有什麼意義嗎?

孩子反覆做某件事,對於該時期的發展是非常有意義的。孩子是勤勞的,對於自己的課題總是勇敢的執行,在他喜歡爬上爬下的階段,如果一味的阻止他,對爸媽和孩子來說都很辛苦。當孩子的運動量大增,增加戶外活動,盡量讓孩子的身體活動起來吧!

比起往上爬,往下爬更難。雖然擔心是難免的,但如果看到孩子已經會用腳尋找地板,且搆得到地板的話,就在旁邊看著他嘗試吧!

有經驗的爸媽怎麼做?
- 如果是危險的高度,一定要避免孩子去攀爬。
- 家中的樓梯,如果有大人在旁邊,就讓孩子盡情爬吧!
- 不要把撞到後會造成傷害的東西擺在地上。

家裡有好多地方可以「爬上爬下」

孩子經常在側躺的大人身上爬上爬下，
這出乎意料的可以提升運動能力哦！

加油！

小提示
登上大人的階梯

當孩子開始想上下樓梯的時候，大人會不自覺的出手阻止。請千萬克制這種心情，好好守護在孩子身邊。對孩子來說，爬樓梯是成為大人的第一步，因為這正是登上「大人的里程梯」啊！

只要有高低差，就會想爬上去，這是身體的本能，同時可以鍛鍊肌力，建議放手讓孩子多嘗試。

有同伴一起「爬上爬下」更開心！

像這種站上去就會馬上跌下來的地方，只要經過多次練習，就可以訓練平衡感。

小提示

路緣石與高低差

孩子只要看到有高低差的地方，就會想踩上去，例如公園植栽的路緣石。爸媽一定覺得「踩到花就不好意思了」，此時請盡量避免用大人覺得危險與困擾的視角去看待孩子，盡可能尊重孩子的心情，讓他踩上去吧！

剪刀石頭布！

「爬上爬下」遊戲可以讓幼兒和小學生都玩得開心。

對孩子來說，光是在草地上跑來跑去就是一件非常快樂的事。除了培養運動能力外，還能透過撫摸冰涼的草地、嗅聞土壤的氣味等活動刺激多元感官。

好快哦！

向下滑的加速度能夠刺激大腦發展。即便對大人來說這是個簡單的遊戲，但如何加快速度、需用多大的紙板、重心該放在哪個位置等，都是孩子要絞盡腦汁解決的問題。

「紙板」

到距離家比較遠的公園去玩的時候，可以攜帶一塊方便乘坐的紙板。滑草是一項能充分陶醉其中的遊戲，滑草板既便宜又耐用，推薦給孩子使用。

遊戲 4　在戶外活動身體的遊戲

好天氣就到戶外走走！
訂定時間到戶外活動，培養生活好習慣

你有過這種經驗嗎？在孩子耍脾氣的傍晚，把他帶出門後，他就不哭了。戶外的空氣是育兒的好夥伴，對孩子來說，外面的世界充滿魅力，例如溜滑梯，雖然不推薦危險的玩法，但以前就有比賽「誰爬得快」，以及「在滑梯周圍玩鬼抓人」等遊戲。孩子大約一歲時還只會直線向下滑行，甚至爬到樓梯上方後覺得害怕，又退回到樓梯，這些都是很自然的過程，請在與別的孩子不發生衝突的範圍內，多多讓他嘗試吧！

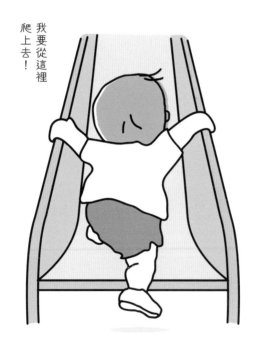

我要從這裡爬上去！

這麼做有什麼意義嗎？

雖然在固定時間帶孩子出去走走，對爸媽來說比較辛苦，但是可以藉此讓孩子養成規律的生活步調、促進食欲、幫助入睡，反而能讓爸媽更輕鬆。如果孩子還是嬰兒，可以推著嬰兒車出去散步，也是不錯的活動。

有經驗的爸媽怎麼做？

• 事先和附近的家長告知一聲，說明自己會讓孩子逆向爬滑梯。
• 如果造成別人困擾，就阻止孩子。
• 選其他孩子不在的時間，讓孩子爬上去。

利用自由自在的
戶外活動鍛鍊身體

球是從零歲嬰兒到小學高年級學童都愛玩的物品。孩子年紀比較小時，可選用較軟的球滾著玩，只要能抓著球，孩子就覺得樂趣無窮。等到再長大一點，不管踢球、拍球、丟球等，孩子都能玩得不亦樂乎。

爬了很長的樓梯後，終於來到滑梯的「頂點」，這對孩子而言是個特別的場所。第一次到達如此高的地方，是孩子體驗成就感的最佳時刻。

小提示

和朋友一起玩

公園是孩子學習和同儕相處的地方。通常同年齡的孩子會互相產生興趣，有些孩子能馬上與人玩耍；有些孩子則會先觀察。有的時候，孩子之間可能會起衝突，這時就用溫暖的眼神守護他們吧！

溜滑梯最吸引人的就是刺激的速度感和令人感到「好好玩」的心情，這能促進腦部發育。爸媽和孩子一起滑，或者在滑梯底下伸出手假裝是平交道，都是很有趣的玩法。

為什麼戶外活動很重要？

在嬰幼兒時期，活動身體非常重要，戶外活動能大量活動身體。如同第 1 章所提到的調查發現，讓孩子自由自在在戶外活動的幼兒園，培育出的運動能力較高，這是因為孩子在開心玩耍的過程中，不知不覺活動到身體的各個部位。

日本文部科學省的幼兒期運動指南中，列舉了三大重要基本動作：

①取得身體平衡的動作：站立、坐下、臥姿、起身、轉身、翻滾、跨越、懸吊等。
②移動身體的動作：走路、跑步、彈跳、跳躍、往上爬、往下爬、匍匐前進、閃避、滑行等。
③操作道具的動作：拿、搬運、投擲、接住、滾、踢、堆疊、划、挖、推、拉等。

本書的遊戲集中，幾乎網羅了所有的動作。孩子只要開心的活動身體、玩耍，自然而然就能運用到很多動作，還能培養出非認知能力中的「動機」。玩耍真的很厲害吧！但還是要特別注意孩子的安全。

若是無法到戶外活動，也可以在室內帶孩子活動身體。重視兒童成長的托兒所或幼兒園，就算在室內也非常注重「活動身體的環境」，例如需靈活運用手指的遊戲、讓孩子爬行、往上爬、往下爬、過山洞等活動。不過在室內也要注意安全，讓孩子好好活動身體。

遊戲集

②

在大自然
玩耍

遊戲 1 讓散步更有樂趣的方法

跟著孩子看世界！
自由自在的散步才能獲得成長

出門散步時，觀察孩子並想一想：「孩子在看什麼？」、「孩子在想什麼呢？」當孩子注視著腳邊的石頭、手伸向路邊的雜草、在行道樹旁繞來繞去、一會兒往前一會兒往回走……試著不要以大人的角度來主導行程，就會在散步的過程中獲得很多新發現。究竟會有什麼新發現，就讓孩子來帶你觀察吧！

這麼做有什麼意義嗎？

英國小兒科醫生溫尼考特（Donald Woods Winnicott）曾說：「我認為，為創造而活，人生才有價值。」*7。去發現圍繞著自己的世界，自己是否創造出有意義的東西讓人接受，是很重要的。其箇中祕訣，就是認同孩子所發現的事物。

*7 唐諾‧溫尼考特著，橋本雅雄譯（1979），《遊戲與現實》，岩崎學術出版社（編注：本書中文版由心靈工坊出版）。

有經驗的爸媽怎麼做？

- 我知道幾個孩子喜歡的場所，當他鬧彆扭時，只要帶他去那裡，他就比較容易平撫情緒。
- 為了預防萬一，出遠門時最好帶著背巾。
- 偶爾爸媽也想逛街時，可以事先準備一些小點心安撫孩子。

只是散散步也能這麼開心！

我變大了！

自己的影子、爸媽的影子、很多不同大小的影子，根據時間的不同，影子的大小也不同，能為孩子帶來許多觀察後的驚喜。

今天小狗不在吔！

即使是下雨天，只要穿著雨鞋散步，就是特別的一天。孩子盡情踩水坑時的笑臉，會讓大人回想起自己也曾這麼做過。

孩子「注視著」柵欄、圍牆、樹林，好像在觀察著什麼，也是散步的樂趣之一。

小 提 示

孩子喜歡的場所

樹木、石頭、有圖案的人孔蓋、看得到可愛娃娃的窗戶等，只要有孩子喜歡的場所，散步就會更有樂趣。稍作休息時，和孩子隨性聊聊「這裡會不會是小精靈的家呢？」等話題，也相當有趣。

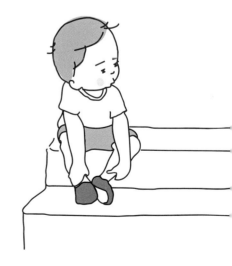

大自然是發現新事物的寶庫！

小提示

躺在地上

孩子總是對大人意想不到的事物
特別投入。當你去公園找不到能
讓孩子開心玩耍的遊樂設施時，
不妨讓孩子躺在草地上。光是讓
他在草地上滾來滾去，你就會聽
到他歡樂的笑聲了。

我要滾來滾去哦！

收集在公園或路邊掉
落的果實來扮家家酒
也是不錯的方式。記
得不能摘取私人住宅
的果實哦！

拿撿到的樹枝敲得鏗鏗作響，
這樣的遊戲也可以刺激五感。

孩子專注認真的排列
石頭，或把石頭堆成
一座山，甚至緊握著
一顆顆石頭……就像
拿到寶物一般，他究
竟在玩什麼遊戲呢？

遊戲2 與植物玩耍

雜草是最棒的玩具！
使用大自然賦予的材料，在玩耍中創作

許多人喜歡用花朵裝飾居家環境，漂亮的花朵既能讓心裡安定，也能使心情愉悅。然而，孩子不只喜歡花瓶裡的花朵，更喜歡用身體體驗自然。他們總是不厭其煩的摘著白花三葉草、搗碎葉子扮家家酒、跑進落葉堆中蹦蹦跳跳，手腳並用的來感受在大自然中生長茁壯的花草，專注的玩耍。大自然賦予我們許多素材，並隨著季節變遷改變樣貌迎接孩子的到來。

這麼做有什麼意義嗎？

接觸大自然能促進身體各種機能發展，啟發好奇心，進而培養思考力、表現力和感受性。孩子當下專注的事，就是最能提升能力的事，這些能力將陪伴他到未來。爸媽不必勉強孩子做特定的活動，就像孩子第一次翻身、第一次會走路一般，到了一定的時間點，孩子就會知道該怎麼做了。

有經驗的爸媽怎麼做？

- 隨地生長的野花野草，可以讓孩子動手摘下。
- 如果家附近沒有可以摘的野花，就讓他摘陽臺上盆栽的花。
- 提醒孩子不能摘取別人家花園裡的花朵。

運用五感享受大自然

對著蒲公英「呼」一聲的吹氣，光是看著隨風飄揚的種子，就能感到心情愉快。像這樣的「玩具」可不是隨處可得呢！

＊ 若孩子想要吸食植物裡的花蜜時，請先確認是否有噴灑殺蟲劑或農藥。

試著嘗一嘗庭院裡的許多花草，如杜鵑花和紫茉莉等，都有花蜜唷！

小提示
大自然的聲音

看、聽、摸、聞、嘗，運用五感享受大自然，例如「聽」，戶外有別於家裡，充滿了各種不同的「聲音」。試著聆聽鳥叫聲、被風吹拂的樹葉聲、搖一搖撿到的橡果等，各式各樣的聲音體驗，都可以培養孩子的感受性。

扭來扭去——

抓一抓狗尾草的前端，會發現它好像毛毛蟲！

好香哦！

能察覺每一種花朵的氣味都不同，代表孩子擁有很不錯的嗅覺和觀察力。

收集遊戲

孩子通常都喜歡花。
如果他摘了一束花，
就讓他帶回家，選一
個花瓶來插花，也不
錯呢！

爸爸！
這個要給
爸爸！

找到了！

在眾多物品中尋找目標物，也是
一種在大自然中玩耍的樂趣。四
葉幸運草是只要夠專注就可以找
到的野草，很適合做尋物遊戲。

小提示

放入「漂亮的瓶子」裡吧！

要不要試著把在戶外玩耍帶回來的
「戰利品」放入漂亮的瓶子中呢？
玻璃很吸引孩子的注意力，把家裡
各式各樣的瓶子都裝滿，也是孩子
感興趣的遊戲。只要把小果實放入
裝水的瓶子裡，對孩子來說就變成
重要的寶物嘍！

看見漂亮顏色的果
實，孩子的眼睛都
亮了。讓他收集到
心滿意足為止吧！

好軟哦！

把落葉集中當作
床鋪躺上去，軟
綿綿好舒服！

「塑膠袋」

可以帶回家、可以搬運、戶外玩耍的萬能小物！

在包包或口袋裡準備幾個不同尺寸的塑膠袋，可以幫孩子拓展遊戲層面。不管在什麼時間、地點，都可以玩耍，例如大人閒話家常時、事情辦完後回家的路上等。只要有一點點空閒時間，你就會發現孩子正在一旁認真玩呢！

不管是葉子或果實都可以帶著走，真的很方便！

我們拿回家給爸爸看吧！

抓了好多哦！

就算家長不敢摸，只要有塑膠袋就沒問題！

好酷哦！

把意外抓到的螳螂和撿拾的葉子一起帶回家。

塑膠袋也可以代替水桶來搬水，方便又好用。

捕捉或放生都好……

當抓到昆蟲等生物時，許多大人會覺得牠「好可憐」，我非常理解這種心情，畢竟，即便是弱小的蟲子，也有牠的意志。然而有些事物必須實地碰觸，孩子才能真正理解。某位著名的昆蟲學者曾說：「孩子抓蟲的數量，是不足以使其滅絕的。」所以敞開心胸，讓孩子盡情探索吧！

遊戲3 接觸生物

面對生物，向牠學習
關心與自己不同的多樣化物種

從住家附近的場所到動物園，孩子會在各式各樣的地方遇到生物，有需要抬頭看的大型動物，也有能放在手掌心的小蟲，牠們在孩子的面前飛來飛去、跳來跳去、緩慢移動……呈現出多樣姿態，對孩子來說是充滿魅力的存在。不管是戰戰兢兢的接近大狗，或是賣力的追著蚱蜢跑，還是收集一堆鼠婦觀察，當孩子的身心專注在面對各式各樣的生物時，就能有新的學習和收穫。

這麼做有什麼意義嗎？

孩子會全心全意面對生物，因為不放輕動作就會傷到，或是錯過對方。仔細看著孩子那關心、疼惜，以及投入的姿態，連我們大人都會肅然起敬。

＊推薦繪本
《小昆蟲大舞臺：獨特觀察角度的昆蟲圖鑑》作者：森上信夫、翻譯：黃悠然（小熊出版）

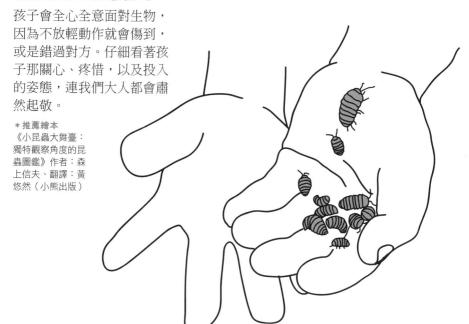

有經驗的爸媽怎麼做？

• 如果真的對昆蟲沒轍，就是換另一半登場的時候了。
• 只要保持善意和平常心面對，大部分的生物都很好親近。
• 或許會意外發現昆蟲其實也滿可愛的。

啊！又是那隻貓咪！

就算沒有直接碰觸到生物，光是留意和觀察，對孩子來說也是一大學習。

只有在與生物接觸時，才能學到的事物！

和住家附近的小狗處得好是值得開心的事，可以培養孩子對小動物的憐憫心。

當孩子捉著昆蟲問：「這個是什麼？」時，請陪著孩子觀察。從腳的活動方式、眼睛的形狀都是可觀察的細節，和孩子一起觀察昆蟲所度過的時間，是不是讓你感到格外悠閒呢？

守護孩子的好奇心

觀察螞蟻列隊的孩子，可能會把螞蟻抓起來捏死，或是用水柱攻擊螞蟻窩等，這時候，對於從小不太接觸昆蟲的爸媽來說，可能會很錯愕。其實這樣的行為是好奇心旺盛的孩子經常有的舉動，盡量不要想得太嚴重，放寬心好好守護孩子吧！

再見！

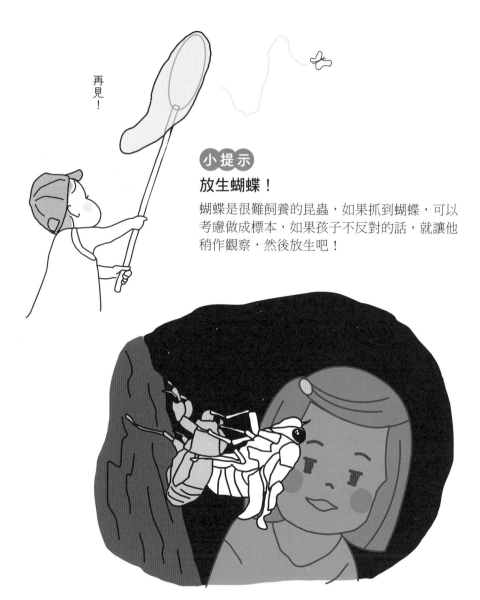

小提示

放生蝴蝶！

蝴蝶是很難飼養的昆蟲，如果抓到蝴蝶，可以考慮做成標本，如果孩子不反對的話，就讓他稍作觀察，然後放生吧！

觀察生物

小提示

蟬的羽化

蟬是少數在都市裡也可以觀察到生態變化的昆蟲。如果住家附近有常聽得到蟬鳴的樹，晚上可以帶著孩子一起去等待，很可能會看到蟬羽化的畫面。

飼養生物

如果孩子喜歡小動物，請務必讓
他試著飼養生物。本頁所介紹的
鼠婦、孔雀魚、黑殼蝦都是比較
容易飼養的生物。剛開始可以訂
定「1個月」的時間，讓孩子逐
漸培養出自己的興趣。

鼠婦

推薦新手飼養鼠婦。在飼養
盒裡放入枯葉和石頭，偶爾
噴點水進去就好。

仔細觀察會發
現，鼠婦其實
滿可愛的。

孔雀魚

野生孔雀魚有越冬的問題，冬天太低
溫會大量死亡，必須尋找熱源過冬，
牠們通常群聚在家庭或工業廢水排放
區、溫泉區附近等較溫暖的區域。

黑殼蝦

推薦到家附近的溪流或湖泊釣
黑殼蝦，黑殼蝦很容易飼養。

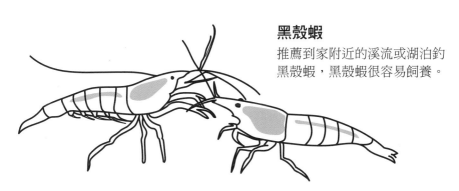

※此頁經作者同意修訂為臺灣較常見生物。

遊戲4 玩水

只要有水就很開心！
感受變換自如的水，促進大腦和身心發展

你可能有過這種經驗：看到站在洗手臺前，持續開著水龍頭玩水的孩子，總會忍不住斥責或阻止。孩子喜歡玩水，他們觸碰水龍頭流出來的水、改變水的形狀、讓水從杯子裡溢出來或攪拌水杯等，好像永遠玩不膩。水是孩子最親近且非常有魅力的存在。孩子只要不斷的觀看水、感受水、嘗試玩水，就能更知道怎麼使用水，是可以充分促進大腦和身心發展的活動。

這麼做有什麼意義嗎？

水可以滲入沙中、可以製作彩虹、可以變成暖呼呼的熱水浴……水是可以變化成各種形態的物質，取決於你的使用方式，或憑藉著你的巧思，就能創造出水的多種變化。甚至在各種嘗試錯誤的過程中，也是無可替代的體驗。

好厲害！

有經驗的爸媽怎麼做？

• 夏天不知道要做什麼的時候，就帶孩子去玩水！
• 如果孩子喜歡玩泥巴，就讓他穿弄髒了也無妨的衣服。
• 玩水時千萬不能一直開著水龍頭，可以訂定時限，例如只能開十分鐘。

滿身泥巴，拍打泥漿⋯⋯
孩子全神貫注的模樣令人佩服！

孩子不喜歡玩泥漿的話，還有很多水遊戲可以玩，譬如用花做成彩色的水，就是一種玩法。

隨著加水的分量變化，泥漿的稠度就會有所不同。在玩泥巴時，孩子也在不自覺中體驗科學。

小提示
一起玩泥巴

玩泥巴是相當不錯的體驗。上小學前在泥地專注玩耍，有助於提升孩子的專注力和感受性。用手直接碰觸泥巴其實很舒服，孩子也會藉此放鬆，只要陪孩子玩過一次就知道了，偶爾回歸赤子之心，和孩子陶醉在玩樂之中的感覺很不錯哦！

既能建造，又能破壞，沙坑是個自由度非常高的遊樂場所。沙子與水的結合，讓遊戲的層面變得更廣了。

好的，接下來挖土機要通過了！

夏天不知道要做什麼時，
玩水就對了！

在水盆裡放水，就是一個很棒的游泳池。如果有寶特瓶、各種大小的杯子、勺子、漏斗等，孩子就會玩得更盡興了。

小提示

在水盆裡玩水

玩水是夏天的必備遊戲。公園玩水區、游泳池和溪邊都是不錯的選擇，孩子還小的家庭，可以準備一個大臉盆或水盆，在熱到無法出門的酷暑，連待在家裡都熱到煩悶時，利用庭院或陽臺的角落輕鬆的玩水。

＊即使是少量的水也有可能會發生攸關性命的事故。因此，當孩子玩水時，視線千萬不要離開他的身邊。

用水在沙子上作畫！

在寶特瓶上挖一些小洞，就可以自製澆花器。

用水拓展遊戲世界

我想用這個做出有顏色的水!

🔵 小提示

懷舊遊戲「無字天書」

如果孩子對用花做有顏色的水感興趣,還可以進一步玩「無字天書」的遊戲。方法很簡單,把蘋果或檸檬榨成汁後,用筆沾汁液在白紙上畫圖,再把畫好的圖放在瓦斯爐火烤一下,剛剛畫的圖案就會浮現出來。這樣的體驗,可以培育孩子對科學的好奇心。

＊火烤圖畫紙時請千萬注意用火安全。把紙放在瓦斯爐上烘烤這件事,就交給大人來做吧!

把花瓣放入裝水的塑膠袋中,用手輕揉,就能做出有顏色的水了。

我要丟了哦!

無論任何年紀的孩子都喜歡玩水球。很小的孩子只要捧著水球,就會覺得開心,大孩子則可以大玩特玩水球大戰。但記得要把破掉的水球垃圾帶回家。

眺望天空

激發想像力和萌生對科學的好奇心
親子之間無可替代的共處時光

孩子喜歡看天空,「那朵雲長得好像大象哦!」這時,如果大人能夠專注的陪伴孩子享受觀察的快樂,孩子也會因而對觀察天空產生興趣。天空的樣貌隨著早晨、正午、黃昏、夜晚不斷改變,也會隨著氣候與季節產生大幅變化。陪孩子看著天空時,爸媽肯定也會想起自己的童年時期,進而體會孩子來到世上是多麼美妙的事!

誰住在雲裡面呢?

這麼做有什麼意義嗎?

親子一起眺望天空、一起談話,能激發孩子的想像力,以及對科學的好奇心,而且親子之間的連結也會更加緊密。

＊推薦繪本
《小雲朵:晴天、雨天都是美好日子》
文:安・布斯、圖:莎拉・瑪西尼、翻譯:海狗房東(小熊出版)

有經驗的爸媽怎麼做?

• 躺在地上,與孩子討論雲長得像什麼。
• 孩子很喜歡玩「在天空找飛機」的遊戲。
• 回想曾對孩子說過月亮上住著兔子的故事。

美麗的、廣闊的、巨大的，
啟迪孩子對世界的好奇心

月亮為什麼會變得這麼大呢？

孩子最喜歡觀察月亮和星星了。如果孩子對夜空感興趣，那麼晚上就把家裡的燈都關掉，一起仔細眺望天空吧！或者前往看得見星星的郊區，也是不錯的選擇。

*推薦繪本
《月球旅行指南：小兔子的月球之旅》文：縣秀彥、圖：服部美法、翻譯：林劭貞（小熊出版）

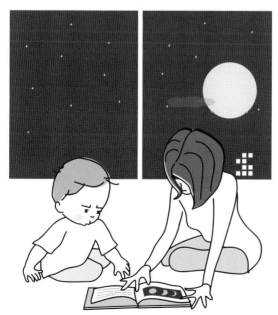

小提示

比起網路，不如看圖鑑

以前，很多人家裡都會有一本如同家具一般存在的百科全書。雖然現今的網路搜尋無遠弗屆，但當孩子對任何事物產生疑問或興趣時，請務必先利用圖鑑或科學繪本陪孩子進一步了解。傳統的方式是有許多好處的。

在大自然玩耍，
成為擁有科學家特質的人！

孩子很喜歡大自然，例如昆蟲、植物、泥土等，他們都非常樂於接觸，但是很多爸媽並不喜歡，看到鼠婦、青蛙、泥地時，有些人甚至會說「不要碰」。如果孩子原本喜歡，卻屢次被阻擋，久而久之，也會變得越來越不感興趣，這是非常可惜的事。

當孩子看著瓢蟲時，或許從爸媽的角度來看，覺得這不過是個日常，但當孩子驚奇的看著瓢蟲的腳動來動去，說出「牠的身體圓圓的」之類的話語時，就相當珍貴了。孩子對於活生生的昆蟲感到興趣的樣子，與科學家一邊觀察，一邊問「為什麼？」時懷著一樣的好奇心，這就是對大自然「感到驚奇」（出自瑞秋‧卡森的《驚奇之心：瑞秋卡森的自然體驗》），等同於培養「科學之心」。

像這樣的經驗，不僅能培養對科學的好奇心，更能培養珍視生命之心。特別是透過與昆蟲等生物的生命歷程交集，像是產卵、死亡的過程，孩子可以從中感悟「生」與「死」。畢竟生命有限，即便孩子在不了解的情況下，做出了輕忽生命的行為，也會在一次又一次的生物觀察中，逐漸體會珍惜生命的心情。

一項對小學以上孩子做的研究調查結果顯示（日本國立青少年教育振興機構，2014年），自然體驗與生活體驗（例如做家事等）的豐富度，確實會影響非認知能力中「自我肯定感」的提升。

遊戲集

③

「動手做」
遊戲

遊戲 1　每一樣東西都是「我的作品」！

期待孩子當下的表現
無關好壞，盡情享受

孩子做的每一樣東西都是孩子的自我表現，不管是排列好的石頭，或用晒衣夾做成的飛機，都是很棒的作品；不論是喜悅的心情、驚喜的心情，每一種心情都會透過作品呈現。隨著孩子成長，他的自我表現方式也會有所不同，請放下「非好即壞」的價值標準，盡情享受孩子當下的表現。

這麼做有什麼意義嗎？
孩子有段時期會把積木疊得高高的，只想一股腦的把它排成一長條，這是想要把積木變得越來越大的行為表現。當孩子做得很棒時，爸媽只要開心的對他說：「好棒哦！」他也會很開心。

有經驗的爸媽怎麼做？
- 將孩子每一次的作品拍照留存，孩子會因此感到滿足，並更願意主動幫忙整理。
- 將孩子的摺紙作品收集到盒子裡保存起來。

70

將孩子做的手工藝或圖畫作品用繩子串起當吊飾，孩子會非常開心。將這些作品裝飾在耶誕樹上，或是在節日時拿出來裝飾，也很不錯。

孩子就是小藝術家，每件作品都很棒！

 小提示

把作品放在展示架上

當孩子的作品越來越多，家中的空間又有限時，不妨在書架、架子或桌上設置一個孩子專用的展示區，讓孩子在有限的範圍內，選擇想要展示的作品。如果是塑膠積木，也可以暫時讓他展示出來，等到他感到滿足之後，就會把積木拆掉，繼續挑戰別的作品了。

「可塑性」很高的黏土，只要用點力氣，就能捏塑成形。對於喜歡動手做的孩子，黏土是能訓練手部運動和力氣的好素材。

來畫圖吧！

「想要畫畫」的心情很重要
每一幅都是孩子的感受與時間的結晶

繪畫的功力往往是一眼可見高下，所以大人在畫畫時，總是不自覺的在意畫作的品質，但是請仔細觀察孩子畫畫時的模樣，不論是專注的神情、快樂的心情、生氣的心情，或是一面哼著歌，還是邊畫邊聊天等，都非常生動。繪畫作品是孩子投入感受與時間的結晶，若他把畫作送給你當禮物，請好好接受他的心情，並慎重的收下。

這麼做有什麼意義嗎？

在腦中創造的形象、在心中思考過的想法、體驗過的事物等，這些沒有形體的東西，是很難表現出來的。所以孩子能多專注於創作的活動中，就代表他們有更多練習表現自己的機會。

有經驗的爸媽怎麼做？

• 準備簡易的畫框，將孩子的作品裝飾起來。
• 鼓勵孩子創作，作品放一陣子後，再讓他選擇想留下來的作品。
• 對孩子說：「畫得很不錯呢！」並幫他拍照留念。

在各種物品上作畫

在購物袋空白處畫上圖案，就是個很棒的專屬提包。

孩子學會畫臉後，就會在各種物品上畫臉。為摺紙動物畫上臉後，也會開心的扮家家酒。

不想畫也沒關係

有些孩子一拿到紙筆就畫個不停，有些孩子卻覺得要「當場畫圖」是困難的事。對畫畫不在行的孩子，可以嘗試不必用筆的作畫方式，例如用手在布上蓋印的「手印畫」、在紙上沾染顏料的「染紙畫」等，這些方式也能讓孩子自在的沉浸於創作之中。

在各種場所畫圖

在沾滿霧氣的玻璃上畫圖，也是孩子熱愛的遊戲之一。用手指畫和用鉛筆畫，是不一樣的樂趣。

在地上畫畫，最大的魅力就是能畫的範圍非常大。

下一站，臺北！

小提示

用石頭畫畫

畫畫不一定要在家中。可以用粉筆或石頭來塗鴉、玩耍。現今的環境可能沒這麼多地方可以塗鴉，但如果有機會，一定要讓孩子嘗試。在藍天底下的柏油路上，畫著巨大的圖畫，對孩子來說一定是非常愉快的經驗。

在信紙上畫畫

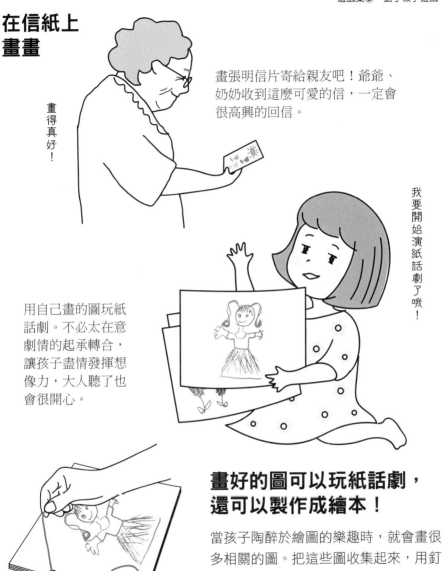

畫得真好！

畫張明信片寄給親友吧！爺爺、奶奶收到這麼可愛的信，一定會很高興的回信。

我要開始演紙話劇了哦！

用自己畫的圖玩紙話劇。不必太在意劇情的起承轉合，讓孩子盡情發揮想像力，大人聽了也會很開心。

在紙上打洞，用繩子串起來，就可以製作出手作繪本。

畫好的圖可以玩紙話劇，還可以製作成繪本！

當孩子陶醉於繪圖的樂趣時，就會畫很多相關的圖。把這些圖收集起來，用釘書機釘成繪本，或裝訂成紙話劇，都是很不錯的方式。當一張一張的圖裝訂成冊時，孩子會充滿成就感，還能激發出更強烈的創作意願。孩子說給大人聽的開心事蹟，也可同樣記錄成冊。

隨手製作有趣的玩具① 運用廢棄物品

「這些統統都可以給孩子用！」
使用身旁的廢材做勞作，孕育想像力

報紙或牛奶盒等現有的廢材，是非常棒的勞作材料。請好好觀察孩子玩耍的樣子，並設想這個時期的他，可以運用什麼樣的材料盡情創作，廢棄物品便是很好的選項。你可以幫孩子在客廳的角落打造一個「勞作區」（請見87頁），把可利用的廢棄物品集中放置。當孩子想創作時，可以盡情使用，對孩子來說，這會是個自由的創作環境。自由創作是很快樂的事，請讓孩子好好發揮創作欲吧！

這麼做有什麼意義嗎？

在進行創作的過程中，最重要的是當孩子以自己為主體時，是否能創造出東西來。比起作品的「好壞」，孩子在實現自己的構想時，能否好好動腦筋，能否因為自己想創造而專注在作品上等，這些細節才是培養非認知能力的重要關鍵。

歡迎光臨！
請進！

有經驗的爸媽怎麼做？

• 可以把廣告紙、牛奶盒和紙箱收集起來，讓孩子盡情使用。
• 如果孩子不喜歡報紙中的微小灰塵，而無法重複利用紙類，則可以讓他用免洗餐盒類的物品。

廣告紙

我做得很好吧！

當東西越做越多時，動作會越來越熟練，此時就能捲出非常細長的紙棒了。

把摺紙作品黏在細紙棒上，變成魔法師的魔杖。

小提示

細紙棒

把廣告單和過期報刊紙張捲得細細的，再用膠帶固定，就能做成細紙棒。直接拿來玩英雄遊戲也很安全，也可以把紙棒連接起來、把紙棒彎曲、用紙棒編織，做出各式各樣的作品，可說是萬用的素材。

把3張報紙疊起來捲成粗紙棒，做出玩英雄遊戲的安全道具*8。

呀 呀 呀 呀

*8 ● 蘋果樹兒童俱樂部線上雜誌 http://www.lares.dti.ne.jp/~ringo/
以「貼近孩子內心的保育」為理念，屬於2歲半至學齡前孩童之「小幼兒園」。 線上雜誌時常強調貼近孩子內心之重要性。這個用3張報紙捲成的紙棒，就是蘋果樹兒童俱樂部的負責人柴田愛子老師所提出的運用方式。

捲筒衛生紙軸

小提示

玻璃紙

孩子都喜歡有點透明的東西。只要準備一些玻璃紙，美勞作品就能有更多變化。運用衛生紙軸做成的雙筒望遠鏡，再貼上玻璃紙，對孩子來說就已經是超專業的了。

把畫著臉的紙貼到衛生紙紙軸上，再把它翻倒滾動，臉就會一下消失、一下出現，變成吸引嬰幼兒的紙軸娃哇。

布丁盒

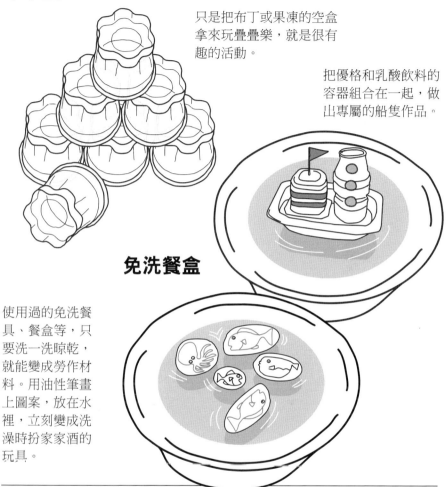

只是把布丁或果凍的空盒拿來玩疊疊樂，就是很有趣的活動。

把優格和乳酸飲料的容器組合在一起，做出專屬的船隻作品。

免洗餐盒

使用過的免洗餐具、餐盒等，只要洗一洗晾乾，就能變成勞作材料。用油性筆畫上圖案，放在水裡，立刻變成洗澡時扮家家酒的玩具。

不用做出特定形狀也沒關係

大人應放寬心看待孩子的勞作時間，不必以「完美」的標準來要求。當孩子使用免洗餐盒做勞作時，如果能夠做出很氣派的船隻，固然是件開心的事，但如果只是裁剪出一個漂在水上的圓球，說不定孩子也覺得十分滿意了。孩子只要能「玩自己做好的東西，並從玩樂中感到滿足」就是一件很棒的事。

面紙盒

彈、
彈、
彈

把橡皮筋當「弦」黏貼在面紙盒上製成吉他。琴頸是保鮮膜的軸心，琴頭是用小型空盒做的。

小提示

橡皮筋

這也是讓「動手做」遊戲更好玩的「萬能道具」之一。本篇介紹的是把剪斷的橡皮筋製作成弦，完成的「面紙盒吉他」。橡皮筋用於射擊、串連物品的功能，也是很有魅力的。

我們去撿橡果吧！

牛奶盒

牛奶盒是非常方便又變化無窮的勞作材料。只要用一條繩子穿過牛奶盒，就能做成側背包，超簡單。

＊推薦繪本
《都是我的寶物！》文・圖：明琪、翻譯：黃惠綺（小熊出版）

空盒

小提示

把漂亮的盒子留下來

「漂亮的盒子」有著令人怦然心動的力量。精緻的餅乾盒、禮物盒，或是裝飾品盒，總是讓人愛不釋手，像這麼漂亮的盒子，可以直接貼上貼紙或黏上緞帶來使用。看到這麼漂亮的盒子，孩子也會樂於用來收納物品。

把放奶油的空盒與紙杯組合起來，就能做成照相機。

空盒還可以做成手機扮家家酒。小盒子是常用的勞作素材，請務必保存再利用。

這是我的手機！

遊戲3 隨手製作有趣的玩具② 運用日常用品

孩子喜歡日常用品
利用身旁的日常用品做勞作，培育創造力

明明買了很貴的玩具，孩子卻完全沒興趣，這是爸媽都有過的經驗，其實不用準備特別的玩具，光是隨手可得的物品就能讓孩子非常盡興。用廚房的罐頭堆積木、拿著晒衣夾做成的飛機，一邊嚷著「咻——」，一邊跑來跑去。和昂貴的玩具相比，孩子反而比較喜愛大人日常使用的東西。當然操作方便和安全性是必要條件。同樣的東西數量多，更能激起孩子的創作欲望。

紙杯

這麼做有什麼意義嗎？

紙杯、吸管與晒衣夾原本都不是孩子的玩具，但只要發揮創意，就能擴大使用範圍，引發孩子的想像力和應用能力。

喂——聽得到嗎？

有經驗的爸媽怎麼做？

• 買了很多玩具給孩子，但他完全不玩，總是玩些日常用品。
• 給孩子使用日常用品後，家中累積的物品減少了，對斷捨離很有幫助。
• 如果是有危險性的東西，務必收藏在孩子手伸不到的高處。

晒衣夾

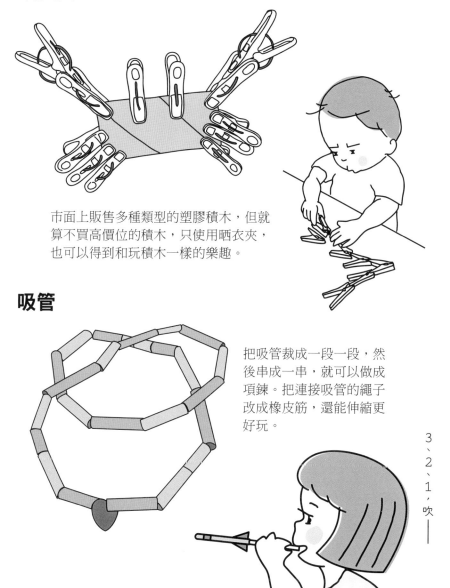

市面上販售多種類型的塑膠積木，但就算不買高價位的積木，只使用晒衣夾，也可以得到和玩積木一樣的樂趣。

吸管

把吸管裁成一段一段，然後串成一串，就可以做成項鍊。把連接吸管的繩子改成橡皮筋，還能伸縮更好玩。

3、2、1，吹——

把色紙捲在吸管上，用膠帶固定，紙捲的前端黏好封口，尾端黏上尾翼，就變成吸管火箭了。

大自然是最厲害的造型師！
樹果、石頭和貝殼，運用多樣的形態與質地動手做

資源豐富的大自然中有許多可以利用的材料，無論是樹果、石頭、貝殼與樹枝等，大量收集之後，就可以拿來扮家家酒，或是當成勞作的材料。材料的種類越豐富，越能提高孩子的創作興緻。有些爸媽可能不喜歡從外面撿東西回家，但仍建議在可接受的範圍內為孩子保留一些，相信會有意想不到的趣事發生。

橡果

把橡果放入乳酸菌飲料的空瓶中，用膠帶將瓶口對瓶口黏住，變成孩子喜歡的沙鈴。

＊為避免嬰兒誤食，請交由大人妥當黏貼。

來，這是沙鈴哦！

這麼做有什麼意義嗎？

孩子對搖晃就會發出聲音的東西很感興趣。當孩子發現因為自己的舉動，而讓事物產生變化時，便能培育自主性和好奇心。

有經驗的爸媽怎麼做？

• 孩子撿回來的松毬很漂亮，可以用來做勞作。
• 孩子撿回來的橡果裡有蟲跑出來，常常讓媽媽嚇一跳。
• 孩子在海邊撿到的貝殼，串起來就變成可掛在牆上的裝飾。

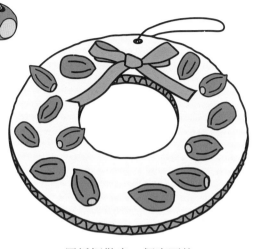

小提示

注意橡果蟲

應該滿多人有過這種經驗，撿回來的橡果置於室內一段時間後，裡面爬出幾條小小的毛毛蟲！這種毛毛蟲俗稱「橡果蟲」，真實的身分以象鼻蟲居多。橡果蟲把卵產在橡果中，隨後這顆卵蛻變成幼蟲，吃著橡果成長，並從橡果破殼而出。象鼻蟲是可以飼養觀察的蟲，如果害怕的話，可以把撿回來的橡果先煮沸處理。

用紙板做出一個寬面的圓圈，再使用黏著劑把橡果黏上去，就可以製作出漂亮的掛飾。

松毬

小提示

拾得的小物製成回憶

運用來自大自然的東西，和孩子一起做勞作吧！與孩子的分工合作很重要，大人在盒子或厚紙板上塗抹黏著劑，孩子把樹果或橡果黏上去；大人在瓶子旁邊貼上紙黏土，孩子把貝殼崁入其中，這會是很好玩的手作時光哦！

跟孩子一起撿到的松毬，可以試著用鐵線串起製作成掛飾。

花

在白花三葉草的花
朵上疊著莖，一個
勾著一個，便可以
做出簡單的花冠。

這是我的戒指哦！

如果覺得做花冠有難度，可以改做
戒指。把莖重疊捲在一起，最後再
纏繞起來，就能做出戒指。

把難得找到的四葉幸運
草或漂亮的花朵夾在衛
生紙中，再夾入一本有
厚度的書裡，把書闔上
放置一段時間之後，就
完成押花了。如果不小
心遺忘，某天打開書再
看到時，也是一種意外
驚喜。

石頭

石頭也可以成為勞作的
材料。尤其是在河邊和
海邊的光滑鵝卵石，特
別容易上色，是非常推
薦的素材。

幫孩子打造一個手作工作臺

幫孩子打造隨時隨地都能繪圖、勞作的區域吧！不用準備華麗的空間，只
要家中的一個角落、一個抽屜，或者在盒子裡放入蠟筆、色鉛筆和一些紙
張即可（也可以視需要準備一把剪刀）。固定一個位置，讓孩子可以自由
取用。就算有時候沒空陪孩子，他也會來到這個工作臺，自行著手做勞作
或畫圖。

「繩子‧毛線」

可以捆綁、裝飾……
靈活應用的必需品

繩子和毛線時常在遊戲中扮演配角，其實它們是生活必需品，除了橡皮筋、毛根以外，封箱膠帶、透明膠帶、絕緣膠帶等也是。繩子和毛線可用於捆綁、裝飾、編織，有非常多樣的運用方式。孩子一開始可能要借助大人的力量來玩，漸漸的就會越來越熟練了。

在扮家家酒時，繩子是很方便的道具，把它捲一捲，就能化身為一道義大利麵。

用繩子和毛線做一個大大的圈，就可以玩翻花繩。玩翻花繩需要靠記憶力與專注力，並使用手指來進行，是個能均衡運用左右腦的優質遊戲。

橡皮繩穿入串珠中，兩端打結固定起來後，就可以給兩至三個月大的孩子進行抓握。孩子再大一點時，還可以把串珠投入容器內，玩投入遊戲。

拉著貼上繩子的玩具車，孩子就覺得很有趣了。

手指編織的做法

手指編織對學齡前兒童來說是相當具有挑戰性的遊戲。如果用細毛線來編織會非常耗時，針眼也會變得很大，因此，請讓孩子使用比較粗的毛線來編織。這個遊戲就連大人也會玩得很開心，請務必和孩子一起玩編織。

1
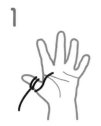

掌心朝上，把毛線繞在大拇指上。

2
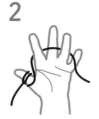

把毛線從食指後面穿過，交錯繞在各手指之間。

3

毛線從小拇指再往回繞，一樣交錯繞回食指處。

4
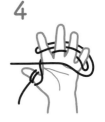

把毛線往後繞手背一圈，從大拇指通過。

5
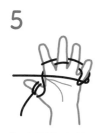

把小拇指上繞著的毛線，從手掌心側的毛線底下抽出。

6
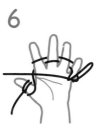

把抽出來的毛線再掛到小拇指上。

7
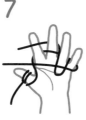

無名指、中指和食指照順序重複步驟⑤和⑥。

8

完成食指的部分後，再重複步驟④～⑧。

從無到有的創造力

　　遊戲的迷人之處，就是只需要簡單的石頭與空箱，便能衍生出各種作品。雖然眼前見到的只是一幅用蠟筆塗滿整個畫面的圖畫，但是仔細聆聽孩子的喃喃自語，你就會發現孩子在這張紙上創作出了無比豐富的故事！

　　在孩子的腦海中，其實超級精采的故事正在進行，於是創作時埋頭苦幹的專注神情，換來了完成時內心感到滿足的嘆息。這就如同藝術家的創作歷程，也像是企業開發商品時，不斷在錯誤中尋找答案一樣，充滿了想像力和創造力。

　　因此，在孩子的創作過程中，請不要擅自加入大人的限制，正如本書所強調的，只要孩子沒有打擾到其他人，無論何時何地，孩子能夠自由自在的運用自己喜歡的東西、喜歡的方式來創作，就是最好的狀況。

　　也請不要用大人的眼光來制約孩子的繪圖方式，譬如「太陽應該這樣畫」這樣的話語，只會讓孩子的表現越來越狹隘且無趣。

　　只有完全陶醉於創作中的孩子才能理解到：在自己誕生的這個世界裡，只要動手開始去做，就能創造出無限的可能性。如此培養自尊心，正是提升非認知能力的「自我價值感」。

遊戲集

④

「角色扮演」
遊戲

遊戲 1 假裝外出的角色扮演遊戲

化身為他人，假扮成某物
培養抽象思考能力的扮演遊戲

扮演遊戲的開始是「假裝成某人，要去做某件事」，是屬於層級比較高的遊戲，如果孩子只是透過大人準備的東西進行模擬，並不算豐富的體驗。孩子唯有充分運用身邊的物品，運用自己的知識去做某件事情，才能進行抽象思考，使幻想和想像力更豐富，進而培養非認知能力。只要有一枚大方巾，孩子就能隨時隨地玩「假裝外出的遊戲」。

我要出門買東西了唷！

這麼做有什麼意義嗎？

透過自由的發想，憑藉自己的雙手來改變事物，並能沉醉其中，這些都屬於非認知能力。孩子透過扮演遊戲，就能培養出後天成長的珍貴力量。這時如果大人干預過多，反而會把他們拉回現實，請在遠處守護他們就好。

有經驗的爸媽怎麼做？

• 孩子常常在廚房喊著：「路上小心」。
• 當孩子說「想用便當盒」，就借給他真的便當盒。
• 孩子把東西全背在身上，一副要出門的樣子，真的好可愛！

出門前的準備也好好玩！

戴上帽子，整理好行李。玩「假裝要出門」的遊戲，最重要的是準備的過程。

我今天要戴這頂帽子！

我們一起去吧！

「我要帶娃娃、飲料，還有……」出門時需要帶些什麼？可以請孩子盡情發揮想像力。

小提示

背帶

「我們來扮家家酒」，孩子最想扮演的人就是媽媽。可以把洋娃娃或布偶當成小孩，讓孩子綁在背上，玩「媽媽照顧孩子」的遊戲。

我要帶三明治和草莓去野餐！

出門就是要帶便當！孩子扮家家酒時，總是不斷的修改遊戲內容。

家庭生活的角色扮演遊戲

重現日常生活的快樂時光
從人際關係的重現中，培養能力

玩「家庭生活的扮演遊戲」時，是否勾起你的回憶呢？像是假裝有基地、假裝在露營、假裝在買賣東西等，應該多少有過熱衷於扮演遊戲時期的記憶吧！對孩子來說，最貼近自己的生活範本，就是家庭生活。重現家人間的互動關係，可以盡情發號司令、盡情的撒嬌、逞威風等。孩子在扮演遊戲的過程中，可以培養許多能力，譬如管理與溝通能力、分工合作意識、生活上的自我意識等。

這麼做有什麼意義嗎？

在遊戲過程中，孩子感受到「自己是生活中的主角」。孩子的成長並不只有在腦袋裡塞滿許多知識，而是在日常生活中感到幸福，才算是有價值的人生。

這是我做的果汁，你喝喝看。

你覺得這個蘋果甜點好吃嗎？

有經驗的爸媽怎麼做？
• 手足一起玩很開心，可以讓他們在房間大玩扮演遊戲。
• 收集大大小小的布包巾，做為遊戲道具。
• 孩子玩扮演遊戲很有趣，可經常幫他們拍影片。

哪裡都是我的家！

雖然是簡單的桌子下方，只要孩子發揮想像力，就能變成超棒的家。

＊推薦繪本
《下雨天去遠足》文‧圖：松尾里佳子、翻譯：蘇懿禎（小熊出版）

小提示

超好用的布包巾

跟布包巾差不多大小的布料，都是玩扮演遊戲的萬能道具。特別是在假扮家庭生活時，可以用來做房間的區隔、當成棉被等，非常好用。只要選用廢棄的布料，放幾條在孩子的遊戲區吧！（請見98頁「豐富遊戲的配角」）。

在棉被裡玩「家庭生活的扮演遊戲」。千萬注意不要讓小嬰兒悶在棉被裡面哦！

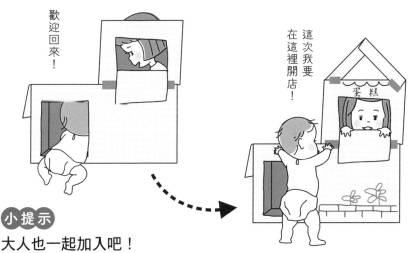

歡迎回來！

這次我要在這裡開店！

蛋糕

小提示

大人也一起加入吧！

打造紙箱之家時，請大人務必加入。畢竟紙箱有點大，必須借助一點大人的力量，但千萬別做得太起勁，以免剝奪了孩子的樂趣。

遊戲3 扮家家酒

一手包辦家事好厲害！
了解用心生活的重要性，孕育生命力

仔細觀察孩子扮家家酒的樣子，看他忙進忙出、用心盛盤、小心翼翼的哄著娃娃睡覺等，神情是如此的認真。對孩子而言，一切生活的樣貌都是他所崇敬的對象教導他的。在這個以經濟價值為優先的現代社會裡，家事雖屬於不太有經濟價值的勞動，但是用心經營生活的態度，對每一個人來說都是極其重要的。

今天做漢堡哦！

這麼做有什麼意義嗎？

扮家家酒時，孩子可以學習獨自處理周遭的事物。請偶爾暫停大人的時鐘，跟著孩子一起度過這段時光吧！孩子在經歷了「怎麼都做不好」的撞牆期之後，就會開始出現各種小小的成就感，譬如會穿褲子了、會扣鈕扣了等。日常生活中的小用心、反覆的日常互動，這所有的一切，為的都是要讓扮家家酒的主角——孩子成長茁壯。

有經驗的爸媽怎麼做？

• 假裝成要買東西的客人時，因為對孩子開太多玩笑，經常惹他生氣。
• 孩子喜歡扮家家酒，就給他一件小圍裙。
• 在玩哄嬰兒睡覺的遊戲時，孩子時常警告「小聲一點」，真可愛！

假扮成大人好開心！

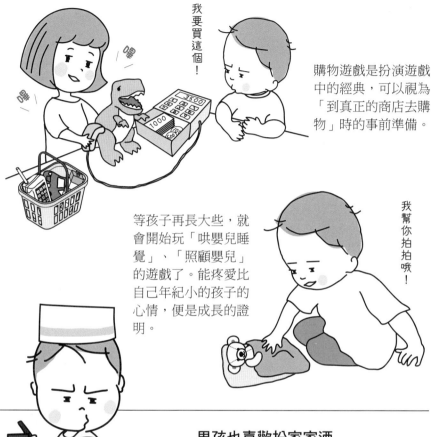

我要買這個！

購物遊戲是扮演遊戲中的經典，可以視為「到真正的商店去購物」時的事前準備。

我幫你拍拍哦！

等孩子再長大些，就會開始玩「哄嬰兒睡覺」、「照顧嬰兒」的遊戲了。能疼愛比自己年紀小的孩子的心情，便是成長的證明。

歡迎光臨！請問你要點什麼？

男孩也喜歡扮家家酒

有些爸媽可能會擔心男孩太喜歡扮家家酒，覺得他們應該玩更男孩子氣的遊戲才對。其實喜歡扮家家酒的心情是不分男女的，想要扮演某個人物做某件事，既可以培養想像力，也可以培養溝通能力，是非常重要的體驗，請務必讓孩子玩得盡興。

「布」

我是妖怪！

漂亮的布包巾與
布料，在玩公主
遊戲的時候經常
可使用到。

利用各種不同尺寸的布料拓展孩子的
想像力。可以收集一些已經不再使用
的布包巾或床單備用。

可以變成公主穿的洋裝，
也可以變成英雄戴的斗篷！
布是變換自如的萬能物品

布是如魔法般的物品，只要有布，孩
子就可以變身成公主、英雄、妖怪等
多種角色。布也可以做為遊戲的小道
具，請在孩子的遊戲區放一些布包巾
和大方巾，接著就盡情觀察孩子如何
使用這些布吧！

我是公主唷！

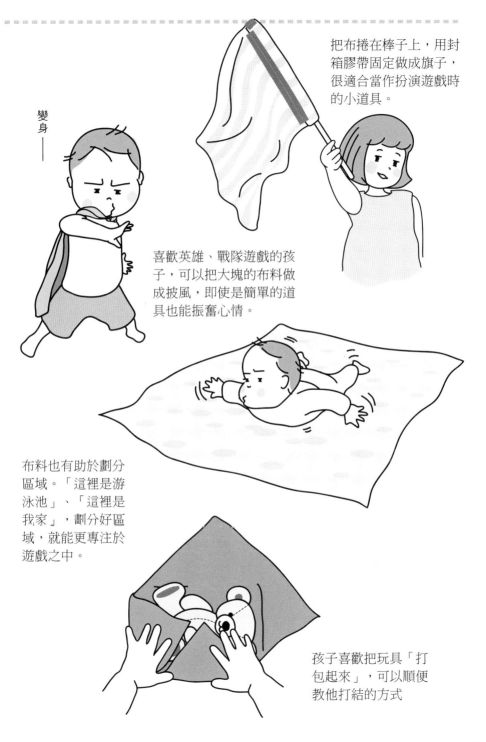

把布捲在棒子上，用封箱膠帶固定做成旗子，很適合當作扮演遊戲時的小道具。

變身——

喜歡英雄、戰隊遊戲的孩子，可以把大塊的布料做成披風，即使是簡單的道具也能振奮心情。

布料也有助於劃分區域。「這裡是游泳池」、「這裡是我家」，劃分好區域，就能更專注於遊戲之中。

孩子喜歡把玩具「打包起來」，可以順便教他打結的方式

能擁有一個充滿想像的世界，真的很棒！

　　扮演遊戲其實是模仿遊戲。孩子會模仿，代表他心中有一個想模仿、有魅力的典範存在，也就是說，孩子在日常生活裡擁有心動的經驗，例如，因為被媽媽化妝的樣子打動了，才會模仿媽媽化妝的行為。玩扮演遊戲的孩子，就是產生了這樣一種心靈觸動。

　　而且，孩子以模仿動作再現那些讓他心動的經驗，正是想和心動的對象一樣，所以嘗試成為爸爸、媽媽、姐姐或動物的行為，都是從多方面的視角去觀察後，才做出模仿的表現。孩子透過成為與自己不一樣的他人，也可以發展出同理各種不同角色的經驗，這就如同閱讀小說時，理解主角的心情一樣。

　　扮演遊戲讓孩子在體驗「嘗試變成某人」的同時，還能學會與他人協調、妥協的方法，這也是培養非認知能力中的溝通能力與自制力。

　　近來，在幼教現場玩扮演遊戲的兒童越來越少，期望未來能為孩子打造一個鼓勵玩扮演遊戲的環境。

遊戲集

⑤

享受繪本的
世界

遊戲 1　用繪本打造親子時間

親子一同進入繪本世界——
邁向夢想世界的入口永遠存在

繪本是一個神奇的工具，只要打開那扇門，就能帶領我們前往故事中的世界。孩子的閱讀與大人的閱讀是不一樣的，「閱讀大量書籍，深刻理解內容」並不是孩子讀繪本的重點。孩子就像前往繪本世界的領路人，有時會一再閱讀書中讓他開心的部分，有時只會翻閱自己最喜歡的那一頁，有時會要求大人反覆朗誦書中的特定句子，這時就請爸媽耐心的邁入領路人的堅持之旅，一起享受吧！

這麼做有什麼意義嗎？

繪本的內容永遠不會變，可讓我們反覆閱讀並沉浸其中。在這個世界裡，有自己喜歡的事物，且能夠不斷進行確認，這一點正與「深信這世界上有著自己想要且必要的事物」*9 有所關聯。

好奇怪啊！

咦？

故事結束了！

*9 唐諾‧溫尼史考特著，豬股丈二譯（1985），《孩子、家庭和外面的世界（上）嬰兒為什麼會哭──溫尼考特博士的育兒講習》（暫譯），星和書店。

有經驗的爸媽怎麼做？

• 當孩子說「跟我玩……」，但自己真的沒心情玩扮演遊戲時，可以讀繪本給他聽。
• 睡前讀繪本給孩子聽的習慣，不知不覺維持到小學畢業。
• 不知道孩子喜歡什麼樣的繪本，所以先在圖書館借幾本回來，篩選過後再去買書。

首先從讀給孩子聽開始！

小刺蝟這麼說……

從孩子很小的時候就開始讀給他聽。這是在孩子進入夢鄉之前，親子共享的重要時刻。

讀這本——

又讀這本？

快點出來！
快點出來！

孩子非常喜歡反覆讀同一個故事。相同的故事情節會讓他們感到安心，反覆念給他聽，他也會漸漸吸收繪本上的詞彙。

繪本並不只是聽的被動性娛樂，可以讓孩子嘗試翻頁、敲敲繪本，就算不照頁碼順序閱讀也沒關係。「親子共享繪本的樂趣」才是最重要的。

如果孩子對於特定事物有興趣，就和他一起看相關書籍吧！

拍　拍

從繪本拓展世界

繪本是興趣幼苗的寶庫！

孩子的好奇心尚未成熟之前，耐心等待很重要

繪本能開拓嶄新的世界。透過繪本，孩子能前往音樂世界、激發創作欲望並盡情角色扮演，拓展各式各樣的興趣。然而，開拓世界並非一蹴可幾，為了讓孩子保持求知的旺盛好奇心，千萬不要過度刺激他，而是要默默等待時機成熟。

這麼做有什麼意義嗎？

等待很重要。當出現必須等待的狀況時，請深吸一口氣；發現還需要繼續等待，請再試著多吸幾口氣。當大人覺得孩子沒有反應，急欲脫口而出時，只要再深吸一口氣，孩子可能就會說出令人出乎意料的話語。如果能理解這樣的樂趣，等待就會更愉快了。

有經驗的爸媽怎麼做？

- 有一段時期孩子非常喜歡念繪本給大人聽，所以經常當聽眾。
- 曾驚訝孩子會因為某段情節而哭。
- 孩子很喜歡某一頁，便一直不厭倦的看著那一頁。

隨時隨地都能進入故事中的世界！

是不倒翁吧！

有些繪本孩子每讀必笑。對書本有著幸福記憶的孩子，長大後自然也會養成愛看書的習慣。

好可憐哦——

有些人可能有過這樣的經驗，當讀到悲傷的故事時，孩子哭了起來。孩子透過故事，與故事主角產生共鳴。

是妖怪啊！

能一起唱歌、一起玩文字遊戲的繪本最有趣了！

孩子把繪本通通打開的行為，真的很有趣。當孩子打開很多本書，埋首於書中世界時，請好好觀察他的神情吧！

接觸繪本的樂趣

大部分孩子都很喜歡繪本。繪本究竟有哪些有趣之處？

第一，繪本有著豐富的圖畫與視覺效果。剛開始接觸繪本的孩子，都會喜歡上繪本鮮豔的顏色及各式各樣的開本。

第二，豐富的聲音與對話，帶來極具趣味的聽覺感官刺激。孩子對於狀聲詞很敏感，而且聽了會非常開心。

第三，孩子常在喜歡的動物或交通工具登場時特別感興趣，只要出現孩子喜歡的東西，就會不斷的請求你「再念一次」。很多人問我：「該為孩子選什麼樣的繪本比較好？」其實零至一歲的孩子，通常喜歡具有特色的繪本。由於市面上的繪本種類繁多，可以先到圖書館借來看看，從中發現你和孩子喜歡的繪本。

第四，繪本中有趣的故事情節，對孩子很有吸引力。兩至三歲的孩子，漸漸萌生個人偏好，而且每個孩子的喜愛差異非常大。

還有第五，就是最重要的互動趣味性，繪本與讀者的互動非常有趣，然而，卻有不少人說：「我不知道該怎麼念繪本，才能和孩子好好的交流」。如果孩子年紀比較小，與其「念繪本給孩子聽」，不如和孩子玩角色扮演的遊戲，透過繪本自由的對話，就像在玩遊戲一樣，孩子也會很喜歡。

光是覺得翻書就很有趣的孩子，可以讓他試著從後面往前翻，不過隨著年齡的增長，孩子會變得喜歡從頭開始按照順序讀故事。無論是哪一種情況，親子能夠共享的閱讀歷程才是重點。

遊戲集

6

和大人
一起玩

遊戲 1 大人和孩子一起玩

就算是寶寶也想一起玩！
從簡單的互動中開啟與孩子的連結

許多研究證實，剛出生的嬰兒其實是有行為能力的個體。雖然看起來總是在睡覺，這並不代表你很難和他玩。加拿大學齡前爸媽講座就曾做過以下建議：「你可以模仿寶寶，當寶寶對你微笑時，你就對他微笑；當寶寶出聲時，你就跟他說話。」[10] 只要做這樣簡單的互動就好。

這麼做有什麼意義嗎？

一年體重就能成長三倍的嬰兒時期，除了身體以外的成長也令人驚訝。加拿大有句話這麼說：「現在對孩子少花一分錢，未來就得多花七分錢照顧他」[11]。這代表在成長期讓你忙到天旋地轉的孩子身上付出，未來可能產出超乎預期的價值。

這是小腳哦！

好可愛——

[10] 加拿大公共衛生局著，幾島幸子譯（2010），《沒有完美的父母：孩子的感情、父母的感情——該如何回應孩子的心情？》（暫譯），遠見書房。

[11] 泉千勢編著（2017），《為什麼要學習世界幼兒教育·保育——為了保障孩子能快樂成長》（暫譯），MINERVA書房。

有經驗的爸媽怎麼做？

• 孩子一看到爸爸就哭，雖然困擾，但仍繼續陪孩子玩！
• 時常逗孩子笑，孩子一笑，就跟著笑。
• 一邊隨意唱著自創歌曲，一邊和孩子玩。

用孩子的視角玩遊戲

和爬行中的寶寶玩「你追我跑的遊戲」，當寶寶看到與自己採用同樣姿勢追過來的大人，他們會超開心。多活動身體，就能鍛鍊體力。

等等我！

不見了！

躲貓貓是每一個寶寶都喜歡的遊戲。把手移開之後，就會出現笑臉，透過這個遊戲，能建立孩子對爸媽的信賴關係。

用自己的方式回應孩子

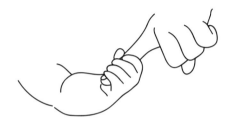

和孩子玩的方式沒有制式做法。每一位爸媽都應該順應孩子的反應，用「自己的方式」與孩子互動。當孩子抓著你的食指時，你可以慢慢的把食指往上提，或者在他額頭吹個氣。偶爾孩子也會出現你意想不到的反應，對大人來說是非常開心的事情。

與孩子肌膚接觸

多多接觸孩子！
讓孩子透過五感來感受大人的陪伴

寶寶會透過五感來學習。他能感受到大人的臉貼近、聽到喜歡的聲音、聞到熟悉的氣味。反覆的肢體碰觸遊戲對寶寶來說，是很滿足的快樂時光。就算只是在換尿布時戳一下肚子，或擦拭臉龐時即興哼著歌、拉拉手，甚至睡覺時拍拍背、搔一下癢處等，都是很舒服的肌膚接觸。

這麼做有什麼意義嗎？

英國小兒科醫師溫尼考特曾表示，大人最重要的角色並非做什麼事情，而是「陪伴」*12。孩子會藉由五感從穩定陪伴，以及與自己有呼應關係的對象身上獲得安心感、自我肯定感，並拓展對社會的興趣與關心。

*12 唐諾·溫尼考特著，北山修監譯（1989），《從小兒科醫學做兒童分析》（暫譯），岩崎學術出版社。

有經驗的爸媽怎麼做？

• 和孩子一起睡午覺比什麼都幸福，這也是肌膚接觸的一種。
• 常常抱孩子，與孩子有很多肌膚接觸，不要怕孩子被抱習慣了。
• 和孩子一起洗澡，被孩子的可愛療癒了。

接觸就是傳遞愛！

駕駕！！ 再來，右轉哦！

乘坐在大人背上的「騎馬遊戲」。雖然對大人來說有點辛苦，對孩子來說卻是大大的滿足。

飛高高！飛高高！

「飛高高」也是嬰兒很喜歡的遊戲之一，請溫柔的抱著孩子飛上飛下吧！

洗澡是最能輕鬆進行肌膚接觸的活動。平常沒有時間親自育兒的人，請一定要利用這段時間與孩子好好相處。

和孩子玩請把持力道

爸爸的玩法常常比較大膽，也會讓孩子很興奮，所以孩子都喜歡跟爸爸玩。請爸爸務必多多跟孩子一起玩，但切記玩的時候要注意適可而止，別嚇到孩子。

好喜歡「手部遊戲」！

接下來要被搔癢了，興奮的心情、和爸媽的肌膚接觸、快樂的節奏。行之有年的手部遊戲，集結了許多能吸引孩子的要素。

一根手指走走走……

一角兩角三角形，四角五角六角半……

一邊唱歌，一邊活動手部的遊戲，能確實刺激腦部發展。可以漸漸加快遊戲速度，一起樂開懷吧！

如果孩子會寫字的話，這樣的遊戲也很有趣。

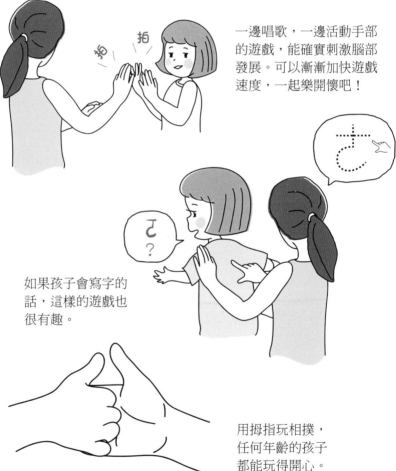

用拇指玩相撲，任何年齡的孩子都能玩得開心。

戶外活動時也要肌膚接觸

有不少孩子喜歡打鬥遊戲，相撲就是兼顧肌膚接觸的好遊戲。

從廣闊的草原斜坡快速的往下衝，對孩子來說，是非常享受的事。若爸媽在下坡處迎接及擁抱奔跑下來的孩子，孩子就更開心了。

遊戲3 模仿遊戲

為什麼孩子要模仿這個動作？
想模仿就是想學習，這是孩子主動學習的第一步

孩子模仿你不經意說出的話語和動作，是否讓你又驚又喜？大人沒打算教孩子的事情，他卻開始模仿，並學了起來，這出色的學習能力，讓你驚訝萬分，其實這背後存在著孩子想變成大人、崇拜大人的心情。不要只侷限在自己想讓他模仿的事情上，當大人對於與孩子做同樣事情感到快樂時，也會提高孩子想要長大的意願。

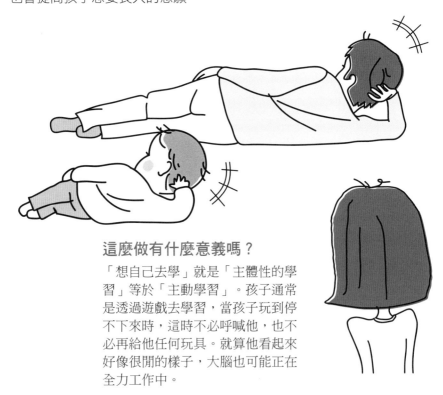

這麼做有什麼意義嗎？

「想自己去學」就是「主體性的學習」等於「主動學習」。孩子通常是透過遊戲去學習，當孩子玩到停不下來時，這時不必呼喊他，也不必再給他任何玩具。就算他看起來好像很閒的樣子，大腦也可能正在全力工作中。

有經驗的爸媽怎麼做？
• 孩子真的很愛模仿，看起來好有趣，常常令人笑出來。
• 孩子連奇怪的動作都模仿，真讓人吃驚。
• 孩子在廚房扮家家酒時，要隨時注意安全。

孩子明明不識字，卻模仿姐姐在看書的樣子。這樣的舉動，讓他和書本變得更親近。

孩子真的很喜歡在廚房扮家家酒。請時時刻刻注意孩子的安全，讓孩子在可行的範圍內全心投入遊戲。

化妝與孩子

現在市面上已有販售兒童用化妝品。大人的化妝品大多含有化學成分，對孩子的肌膚容易造成負擔，可以把不要的化妝品空盒洗乾淨，填裝入兒童用化妝品。請尊重孩子想要模仿媽媽的心情，適當使用兒童用化妝品，讓他好好打扮一番吧！

遊戲4 把做家事當成遊戲

就算是孩子也能獨當一面！
感受到自己在家中是有貢獻的個體，就能自我肯定

「喜歡模仿」並從中有所收穫的孩子，會把自己視為家庭生活中的主角。雖然他們有很多事情做不到，但還是想要用自己的方式參與、規畫家中的生活，譬如做家事就是以自己為主角，用「新的家人」的形式參與家庭活動。請讓這位小小的主角一起做家事吧！大人可以事先準備兒童專用的掃地用具，讓孩子在做家務時更順手。

今天我來打掃！

這麼做有什麼意義嗎？
當孩子常說「我自己來」、「我不要」時，代表他正努力扮演生活中的主角。請為孩子設置容易拿取物品的專區，這份小小巧思，將可加強孩子的自我肯定感。

有經驗的爸媽怎麼做？

• 讓孩子「清潔浴缸」時，雖然會在意汙垢到底有沒有洗乾淨，但仍忍住不插手，放手交給孩子做。
• 在備菜的時候邀孩子幫忙。
• 請孩子幫忙洗碗的日子，不要使用容易摔破的貴重碗盤。

在孩子使用的洗手臺和廚房附近放置一個腳踏板。

請孩子幫忙為玉米和洋蔥剝皮、把豌豆莢裡的豌豆取出等工作,家事變得更輕鬆了。

讓孩子使用抹布也是不錯的任務。請務必教他用抹布擦拭物品,可以鍛鍊握力哦!

不知道是不是因為清潔浴缸就像玩水一樣,孩子總是很興奮的幫忙。

117

和爺爺、奶奶玩

爺爺、奶奶真有趣！
與爸媽不同的價值觀，接觸不同的生活樣貌

孩子可以從老年長輩身上學到很多東西。不只是有血緣關係的祖父母，像是住在隔壁的爺爺、商店的奶奶等，與許多人的相遇，都能讓孩子成長。與爸媽不同時代及環境中長大的大人，當然也與爸媽有著不一樣的生活樣貌，接觸多樣的生活方式、思想，都能給予孩子良好的刺激。

這麼做有什麼意義嗎？

現代社會大多由爸媽和孩子組成小家庭，孩子少有機會和爸媽以外的大人深刻交流，更無法了解不同於自己家庭的生活型態。因此孩子和爺爺、奶奶相處的點滴時光，是非常珍貴的，不但能讓孩子和長輩交流，留下美好的回憶，還能讓孩子確實感受到不同於小家庭的生活樣貌。

奶奶好厲害！

有經驗的爸媽怎麼做？

- 如果奶奶很會翻花繩，回老家時，讓孩子多和奶奶一起玩翻花繩。
- 不小心對孩子太嚴厲時，同住的長輩就成為很好的緩衝助力。
- 孩子週間是吃奶奶準備的晚餐，因此成為一個喜歡吃和食的人。

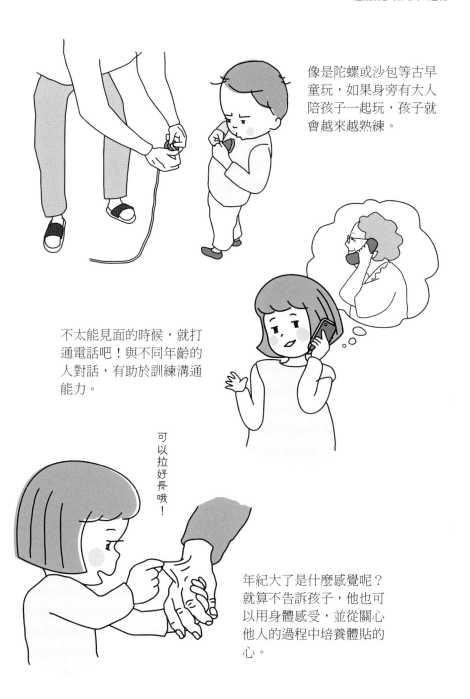

像是陀螺或沙包等古早童玩，如果身旁有大人陪孩子一起玩，孩子就會越來越熟練。

不太能見面的時候，就打通電話吧！與不同年齡的人對話，有助於訓練溝通能力。

可以拉好長哦！

年紀大了是什麼感覺呢？就算不告訴孩子，他也可以用身體感受，並從關心他人的過程中培養體貼的心。

遊戲6 逛逛街吧！

街道是孩子的教科書！
觀察充滿魅力的街道，從中學習知識

施工現場、平交道、商店等，街道就是孩子的教科書。大人可以教孩子的東西有很多，像是危險的場所或社會的規範等。如果只是要求孩子記住街道，記住應該遵守規則的場所，就會變得非常無趣。在教導孩子重要的事情時，也別忘了詢問孩子的想法，例如：「小敬要搭哪一班電車飛到天上去？」一邊聽著孩子的幻想，「這裡要停下來對吧？」一邊幫助孩子用他的方式去理解事物。

這麼做有什麼意義嗎？

開始運用邏輯思考的孩子，會做出「自己的地圖」。他們不依賴別人的意見，會獨立且主動的找出街道上每一個景點的關聯，畫出屬於自己的街道。

有經驗的爸媽怎麼做？

• 孩子很喜歡大型電車，曾經陪他等電車等了好幾個小時。
• 想讓孩子看放學時行人穿越道的盛況，就特地繞到附近小學等待。
• 「那邊有小貓咪！」孩子總會發現大人沒注意到的事物。

孩子要慢慢學習過馬路的方式，大人一定要好好帶著他一起做。

按下車鈴的時候真是既緊張又興奮。就算沒有特別要去哪裡，只是跟孩子一起搭公車，也會是快樂的一天。

在圖書館借書也很令人開心。將閱讀過的書記錄下來，孩子更容易理解自己的興趣和喜好。

帶孩子到家附近看小學校園，讓孩子感受校園生活的魅力。

遊戲7 享受季節性活動

什麼活動都是「自家風格」！
不要被慣例綁住，輕鬆享受傳統

在我們的日常生活中，有許多從以前流傳下來的季節性活動或傳統習俗。這些活動和習俗蘊含著前人的智慧與巧思，也讓我們的生活更為豐富，因此建議爸媽可以透過節日活動給予孩子多方面的體驗，不需要拘泥形式，只要配合家人之間的作息與能力，採取適合的方式來進行，就能和孩子一起盡情享受。

年獸來了！

這麼做有什麼意義嗎？

學習在地的傳統對孩子來說很有意義。依照不同季節的生活儀式，和孩子共享愉快的親子時光，是什麼也無法替代的，孩子也會因此感到快樂，並提升自我的肯定感，達到「當孩子能珍視自己時，爸媽就會更珍視孩子」*13的目標。

*13 NPO法人兒童家庭支援中心編著，向田久美子譯（2002）《Nobody's Perfect系列⑤爸媽》（暫譯），DOMESU。

有經驗的爸媽怎麼做？

• 過年的時候，和孩子一起以年獸的故事玩角色扮演，既簡單又有趣。
• 每年元宵節都買新燈籠既浪費又不環保，利用回收的鐵罐或寶特瓶發揮創意。

中秋節是重要的傳統節日之一，爸媽除了可以帶著孩子一起賞月、吃月餅外，也可以利用柚子做一些創意發想，無論是柚子帽、彩繪造型柚子，都是很吸引孩子的活動。

在歲末除舊布新，就能感受當下的氣氛。喜歡做勞作的孩子，讓他在紙上畫春聯也會很開心。

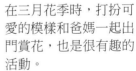

在三月花季時，打扮可愛的模樣和爸媽一起出門賞花，也是很有趣的活動。

元宵節除了可以放天燈外，與孩子一起搓湯圓也很好玩哦！

溝通的重要性

在成長的過程中，溝通能力是非常重要的。為了培養溝通能力，我們要讓孩子從嬰兒時期開始，便能實際感受到與人互動的快樂。

嬰兒除了平時的表情外，他們還會以哭泣、揮手等各種方式來表達心情，與他人溝通。也就是說，寶寶會自行尋求與他人的連結，因此身為接收訊息對象的大人來說，回應孩子的方式就顯得格外重要。

孩子如果能夠感受到溫柔和被接納的心情，就能建構非認知能力中的溝通能力。

許多研究均指出肌膚接觸（身體接觸）尤其重要。在美國國家兒童健康與人類發展研究院（NICHD）的調查中，也提到像是微笑、緊緊擁抱、身體接觸，以及認真回應孩子的發聲與話語等正面養育態度的重要性。

這些重要的連結，不僅只有來自於媽媽，也有研究顯示，身邊的許多人，特別是爸爸育兒的積極度，能夠更加提升家庭的生活品質，亦能提升孩子的語言能力、溝通能力，以及恆毅力。

育兒本來就是在群體中進行，因此與祖父母、親友的互動也相當重要。此外，從嬰兒時期開始，和各種年齡兒童的互動也不可或缺，所以帶孩子到親子聚集的場所、公園和托兒所等地也有其必要性。

結 語

給常擔心「孩子不願和我玩」 的爸媽

　　本書介紹了許多遊戲。但是每個家庭的情況都不同，可能會發生「我的孩子不那樣玩」、「試過了，但沒用」等狀況。這時候你可以想想，是否發生了以下狀況。

不主動玩的孩子

　　請靜靜的仔細觀察孩子。他看似沒有在玩耍，但卻是正在玩耍著。有些大人可能會擔心，一群孩子在遊戲時，自己的小孩卻總是在一旁看著不參與，這樣難道不會無聊嗎？其實，光是看著也算是參與了遊戲，因為確實有些孩子看起來平靜且身體也沒有主動行為，但他的內心可能是和其他孩子一樣活躍呢！

疲憊的孩子

　　有些孩子只是累了。要學習的才藝太多，在不斷接收刺激的環境下，時常會有疲倦到不想玩耍的狀況。在嬰幼兒時期的玩耍活動中，孩子的腦袋不斷的工作著，再加上持續接收刺激，其實是非常疲勞的。

生活作息不規律的孩子

　　生活步調沒有調整好，身心就會不舒暢，也會讓孩子對玩耍興趣缺缺。請盡可能調整好孩子的作息。孩子只要生活規律，食欲就會變好，自然想要玩耍。

精神被消耗殆盡的時候

　　無論大人或小孩，都有可能會被「生活」消耗殆盡的時候。孩子總是半夜啼哭、偏食又食量小、在新的環境下膽小且又哭又鬧、洗澡和換衣服時也是一團亂，這時如果有好玩的事情能讓孩子轉換情緒就好了。

　　當孩子能夠專注於玩樂的時光，爸媽也能鬆一口氣。但是總有時候這種時機遲遲不出現，就需要有人來當爸媽的夥伴及支援了。如果有人可以幫忙陪伴孩子，爸媽就能獲得一些喘息空間，雖然這樣的對象不容易找到，但請不要放棄。等你找到這個人，他將會是你最強大的夥伴與朋友。

每個孩子都是迥異的個體

　　每個孩子的個性與特質都不一樣。正如同本書所提到的，有擅長玩遊戲的孩子，就會有不太會玩遊戲的；有些孩子會自己主動遊戲，有些孩子沒有爸媽陪就不肯玩；也有喜歡玩動態遊戲卻不擅長玩靜態遊戲的孩子⋯⋯每個孩子都是獨立的個體，所以不要對自己的孩子和別人不一樣感到焦慮。

因此，就算孩子沒有如同本書所敘述的盡情玩耍，也不必過於憂心。如果孩子有自己喜歡玩的遊戲，就盡量讓他玩喜歡的遊戲，然後再逐漸協助他拓展興趣。每個孩子都擁有適合自己的玩耍方式，請務必陪伴孩子尋找適合的遊戲。

同理，即使是和孩子玩了很多本書所介紹的遊戲，也不代表萬事沒問題，重要的是孩子是否專注於遊戲之中。另外，「只要玩遊戲，就一定能養成非認知能力，未來也會有很棒的效益」也不是正確的態度。「親子能夠透過遊戲度過幸福的時光，自然而然衍生出幸福的未來」，這樣的觀點才能帶領孩子邁往好的方向。

不要把育兒想得太過沉重，「和孩子一起開心打造幸福時光」才是最需要關注的事。當你再次回想起來，會發現嬰幼兒時期是如此轉瞬即逝且無可取代，而這段時光將是親子之間無比珍貴的回憶。希望本書能為親子之間的幸福養成盡一份心力，請務必以這樣的出發點，妥善運用本書。

——大豆生田 啓友・千夏

國家圖書館出版品預行編目 (CIP) 資料

培養非認知能力遊戲集：陪 0～5 歲孩子玩出後天發展的關鍵
能力／大豆生田啓友，大豆生田千夏作；陳雯凱翻譯；-- 初
版．-- 新北市：小熊出版；遠足文化事業股份有限公司發行，
2022.02
  128 面；14.8×21 公分．（親子課）
  譯自：非認知能力を育てるあそびのレシピ：0 歲～5 歲児のあと伸び
する力を高める
  ISBN 978-626-7050-16-3（平裝）
  1. 幼兒教育 2. 學前教育 3. 幼兒遊戲
523.2   110016527

親子課

培養非認知能力遊戲集：陪0～5歲孩子玩出後天發展的關鍵能力

作者：大豆生田 啓友、大豆生田 千夏 ｜ 插圖：島内泰弘 ｜ 編輯協力：久保惠子
翻譯：陳雯凱 ｜ 審訂：駱郁芬 (米露谷心理治療所所長)

總編輯：鄭如瑤｜副主編：姜如卉｜美術編輯：陳姿足｜行銷副理：塗幸儀
社長：郭重興｜發行人兼出版總監：曾大福
業務平臺總經理：李雪麗｜業務平臺副總經理：李復民
海外業務協理：張鑫峰｜特販業務協理：陳綺瑩｜實體業務協理：林詩富
印務協理：江域平｜印務主任：李孟儒
出版與發行：小熊出版・遠足文化事業股份有限公司
地址：231 新北市新店區民權路 108-3 號 6 樓
電話：02-22181417｜傳真：02-86672166
劃撥帳號：19504465｜戶名：遠足文化事業股份有限公司
客服專線：0800-221029｜客服信箱：service@bookrep.com.tw
Facebook：小熊出版｜E-mail：littlebear@bookrep.com.tw
讀書共和國出版集團網路書店：http://www.bookrep.com.tw
團體訂購請洽業務部：02-22181417 分機 1132、1520

法律顧問：華洋法律事務所／蘇文生律師
印製：天浚有限公司
初版一刷：2022 年 2 月｜定價：330 元｜ISBN：978-626-7050-16-3

小熊出版讀者回函　　小熊出版官方網頁